中国软科学研究丛书

丛书主编：张来武

"十一五"国家重点图书出版规划项目
国家软科学研究计划资助出版项目

中国矿产地战略储备研究

贾文龙 薛亚洲 吴强 等 著

科学出版社
北京

内 容 简 介

伴随着我国工业化和城镇化进程的加快,以及居民消费结构的不断升级和生活水平的不断提高,全社会对矿产资源的依赖越来越强,矿产资源战略储备的重要性越发突出。本书在明确了矿产资源战略储备形式、目的和储备矿种的基础上,建立了储备规模模型,测算了储备规模;设计了储备布局;建立了储备的管理体制和运行机制,创建了储备指数,提出了储备的资金保障措施,建立了储备地补偿模型,系统构建中国矿产地战略储备体系。

本书可供从事矿产资源勘查、开发、储备等方面管理工作的人员参考,也可供地质工作者、矿产开发生产工作者和相关专业的科研人员、高校学生阅读。

图书在版编目(CIP)数据

中国矿产地战略储备研究/贾文龙等著. —北京:科学出版社,2013.6
(中国软科学研究丛书)
ISBN 978-7-03-037901-6

I.①中⋯ II.①贾⋯ III.①矿产资源-战略储备-研究-中国
IV.①F426.1

中国版本图书馆 CIP 数据核字(2013)第 134046 号

丛书策划:林 鹏 胡升华 侯俊琳
责任编辑:韩昌福 杨婵娟 张春贺/责任校对:宣 慧
责任印制:赵 博/封面设计:黄华斌 陈 敬

科学出版社 出版
北京东黄城根北街 16 号
邮政编码:100717
http://www.sciencep.com
北京凌奇印刷有限责任公司印刷
科学出版社发行 各地新华书店经销
*
2013 年 8 月第 一 版 开本:720×1000 1/16
2025 年 6 月第六次印刷 印张:10 1/4
字数:182 000
定价:85.00 元
(如有印装质量问题,我社负责调换)

"中国软科学研究丛书"编委会

主　编　张来武
副主编　李朝晨　王　元　胥和平　林　鹏
委　员　（按姓氏笔画排列）
　　　　　于景元　马俊如　王玉民　王奋宇
　　　　　孔德涌　刘琦岩　孙玉明　杨起全
　　　　　金吾伦　赵志耘

编辑工作组组长　刘琦岩
副组长　王奋宇　胡升华
成　员　王晓松　李　津　侯俊琳　常玉峰

本书编委会

主　编 贾文龙　薛亚洲　吴　强
副主编 余良晖　范继涛
编　委 李瑞军　马茁卉　任忠宝
　　　　　陈甲斌　张　华　王海军
　　　　　唐　宇　王世虎　周海东
　　　　　朱欣然　殷俐娟　胡德文
　　　　　于银杰　冯丹丹　刘永君
　　　　　朱勃霖　袁　博　余　韵

总 序

软科学是综合运用现代各学科理论、方法,研究政治、经济、科技及社会发展中的各种复杂问题,为决策科学化、民主化服务的科学。软科学研究是以实现决策科学化和管理现代化为宗旨,以推动经济、科技、社会的持续协调发展为目标,针对决策和管理实践中提出的复杂性、系统性课题,综合运用自然科学、社会科学和工程技术的多门类多学科知识,运用定性和定量相结合的系统分析和论证手段,进行的一种跨学科、多层次的科研活动。

1986年7月,全国软科学研究工作座谈会首次在北京召开,开启了我国软科学勃兴的动力阀门。从此,中国软科学积极参与到改革开放和现代化建设的大潮之中。为加强对软科学研究的指导,国家于1988年和1994年分别成立国家软科学指导委员会和中国软科学研究会。随后,国家软科学研究计划正式启动,对软科学事业的稳定发展发挥了重要的作用。

20多年来,我国软科学事业发展紧紧围绕重大决策问题,开展了多学科、多领域、多层次的研究工作,取得了一大批优秀成果。京九铁路、三峡工程、南水北调、青藏铁路乃至国家中长期科学和技术发展规划战略研究,软科学都功不可没。从总体上看,我国软科学研究已经进入各级政府的决策中,成为决策和政策制定的重要依据,发挥了战略性、前瞻性的作用,为解决经济社会发展的重大决策问题作出了重要贡献,为科学把握宏观形势、明确发展战略方向发挥了重要作用。

20多年来,我国软科学事业凝聚优秀人才,形成了一支具有一定实力、知识结构较为合理、学科体系比较完整的优秀研究队伍。据不完全统计,目前我国已有软科学研究机构2000多家,研究人员近4万人,每年开展软科学研究项目1万多项。

为了进一步发挥国家软科学研究计划在我国软科学事业发展中的导向作用,促进软科学研究成果的推广应用,科学技术部决定从2007年起,在国家软科学研究计划框架下启动软科学优秀研究成果出版资助工作,形成"中国软科学研究丛书"。

"中国软科学研究丛书"因其良好的学术价值和社会价值,已被列入国家新闻出版总署"'十一五'国家重点图书出版规划项目"。我希望并相信,丛书出版对于软科学研究优秀成果的推广应用将起到很大的推动作用,对于提升软科学研究的社会影响力、促进软科学事业的蓬勃发展意义重大。

科技部副部长

2008年12月

前言

矿产资源的开发与利用支撑着国民经济的发展，矿产资源的供需问题关系到我国经济社会发展的大局。近年来我国矿产资源供需矛盾突出，优势和短缺资源的供需都存在自身的问题，已成为制约我国经济社会发展的"瓶颈"，引起了党和国家的高度重视。开展我国重要矿产资源储备研究，其目的是保护矿产资源，合理调控资源开发，保障我国资源供应安全。

重要矿产资源储备研究的开展将对我国矿产资源的合理开发布局、缓解短缺资源的供应压力、保护优势矿产资源、体现资源合理价值，对我国经济持续、稳定、健康、协调、可持续发展具有促进作用。

考虑到研究的紧迫性、针对性，本书研究范围主要包括稀土、煤炭、钨、锑、铜、铅、锰、铬、镍等矿产资源；主要研究内容有：①国内外矿产资源储备的研究与实践，②矿产地战略储备的矿种及规模，③矿产地战略储备的布局，④矿产地战略储备的管理体制及运行机制，⑤保障我国矿产地战略储备有效实施的政策措施。

本书以资源学、经济学、管理学、社会学和统计学理论为基础，以资源安全供给、保障经济社会可持续发展为指导，对国内外矿产资源储备现状、我国矿产资源开发利用现状展开深入研究，在此基础上提出了矿产资源储备的内涵及分类，确定储备矿种、规模、布局方案，构建矿产地储备的管理运行机制及保障措施，以系统的方式对我国矿产地战略储备进行综合研究，并提出了相关对策及建议，为政府提供了决策参考依据。根据研究结论，课题组成员在国内学术期刊上公开发表论文九篇，其中，核心期刊五篇。

本书的研究工作是在国土资源部相关司局及事业单位、中国地质调查局的大力支持下开展的，总体思路及框架主要由贾文龙、薛亚洲、吴强、余良晖等研究确定。由薛亚洲、余良晖、范继涛、李瑞军、马苗卉、任忠宝等人执笔。其中，任忠宝负责第一章，余良晖负责第二章，范继涛负责第三章，李瑞军负责第四章，马苗卉负责第五章，薛亚洲负责第六章，贾文龙、薛亚洲、余良晖、吴强汇总校对，贾文龙、薛亚洲审定。具体研究过程中，得到了国土资源部规划司、储量司、地质环境司，中国地质调查局，中央地质勘查基金管理中心，中国地质科学院矿产资源研究所，财政部财政科学研究所，国土资源部油气资源战略研究中心，中国国土资源经济研究院，以及相关省（自治区、直辖市）国土资源管理部门等有关单位的领导、专家的热情帮助，在此一并致谢。

  由于作者水平有限，所收集到的资料也不够齐全，研究思路与方法有一定的局限性，并受到保密等一些规定的制约，本书向读者所展示的内容可能不够全面、不够细致、不够精准，不足与失误之处也在所难免，请广大读者批评指正。我们将在今后的工作中继续努力。

中国国土资源经济研究院
重要矿产资源储备研究项目组
2012年12月

目 录

- 总序（张来武）
- 前言
- 第一章　绪论 ………………………………………………………… 1
  - 第一节　国内外矿产资源储备的研究与实践 …………………… 1
  - 第二节　储备的内涵及分类 ……………………………………… 24
  - 第三节　矿产地战略储备面临的形势 …………………………… 30
- 第二章　矿产地战略储备的矿种及规模 …………………………… 50
  - 第一节　矿产地战略储备的矿种选择 …………………………… 50
  - 第二节　矿产地战略储备规模 …………………………………… 60
  - 第三节　储备矿种及规模的动态调整机制 ……………………… 67
- 第三章　矿产地战略储备的布局 …………………………………… 73
  - 第一节　可储备资源分布及开发利用现状 ……………………… 73
  - 第二节　矿产地战略储备的总体布局方案 ……………………… 90
  - 第三节　矿产地战略储备布局的调整机制 ……………………… 100
- 第四章　矿产地战略储备的管理体制及运行机制 ………………… 105
  - 第一节　中国国内矿业的社会功能 ……………………………… 105
  - 第二节　矿产地战略储备管理体制 ……………………………… 106
  - 第三节　矿产地战略储备运行机制 ……………………………… 110
- 第五章　矿产地战略储备资金及运作 ……………………………… 125
  - 第一节　矿产地战略储备资金保障 ……………………………… 125
  - 第二节　矿产地战略储备的补偿机制 …………………………… 129

第三节 矿产地战略储备试点工作资金估算 …………………………… 134

◆ **第六章 结论** ……………………………………………………………… 138

◆ **参考文献** ………………………………………………………………… 144

第一章 绪 论

我国矿产资源种类较为丰富，但人均资源占有量低，随着工业化进程的加快，居民消费结构不断升级和生活水平不断提高，矿产资源的需求量将越来越大，矿产资源的有限性和不可再生性同需求快速增长之间的矛盾日益突出，在此背景下开展我国矿产地战略储备综合研究，实现资源的可持续发展意义重大。

第一节 国内外矿产资源储备的研究与实践

一、国内矿产资源储备的理论研究

我国进行矿产资源储备研究的文献已有许多，主要分为两类。一类是在对所处年代矿产资源供需形势进行分析后，从保障国家矿产资源供应安全的角度简单提出应该建立矿产资源储备制度。此类文献的作者主要有高鸿烈（2001年）、王珥力（2004年）、张吉军（2005年）等，此处不详细介绍。另一类则是对如何建立矿产资源（或某单一矿种）储备体系进行了较为深入的探讨。但至今缺少对矿产资源储备，尤其是矿产地储备的系统研究。

付英等（1994）将矿产品储备战略作为矿产资源开发利用战略的一部分，主张矿产品储备主要针对战略矿产和关键物资，应该尽快制订并实施战略物资储备法，确定储备的物资种类，建立储备体系。储备的任务由社会和国家承担。

卜善祥和吕宾（2003）主要开展了石油产品储备的研究，提出了建立我国石油储备体系的基本构想，即采取国家战略储备与企业储备相结合的模式，以国家战略储备为主，从企业储备起步。在储备的量上，2020年前后储备规模应达到90天的消费量。在储备的方式上，应建立以原油为主、成品油为辅的实物储备，同时建立完备的储运配送系统。在储备的管理上，应采取政府集中统一管理、企业化经营的思路，储备规划和计划的制订，储备规模、布局、动用等重大事项应由政府统一决策，国家战略储备建设由国家组织，但其日常运营应实行企业化，以降低管理成本。在国家管理层次上，中华人民共和国国务院（以下简称国务院）负责重大问题的决策，主管部门负责具体管理工作。同时，还指出了建立石油储备体系的四项保障措施：一是立法先行，制订中国石油储备法，明确石油储备的法律地位；二是建立油气资源管理信息系统，反映市场供需状况和全社会油气库存状况，为决策提供准确的信息支持；三是多渠道筹集资金，如政府财政投入、部分燃油税、企业自筹等；四是加强国内石油资源调查评价，做好陆地深层及海域的石油资源调查评价，尽最大可能提供新的石油资源后备基地。

步淑段（1990）从提高地质经济效益的角度指出：矿产资源储备按其作用不同可分为正常储备、超前储备和战略储备；按所处的供应环节不同又可分为普查找矿阶段的预测资源储备、勘探阶段的探明储量储备和开发阶段的设计储量储备。在对影响我国矿产资源储备的因素分析基础上，提出了储备规模的计算方法，即

$$总储备量＝正常储备量＋超前储备量＋战略储备量$$

$$R_{正常}=\sum Q_n \div e \times (1-z) = \frac{Q_0(1+i)[(1+i)^n-1](1-z)}{i \cdot e} \tag{1-1}$$

式中，$\sum Q_n$ 为 n 年内矿产资源消费量；Q_0 为基年铁矿石实际消费量；i 为消费量的年均增长率；e 为储量最终综合利用率；n 为生产周期；z 为进口量占消费量的比例；$R_{正常}$ 为需求探明储量的正常储备。

$$R_{超前}=T_n \cdot P_0 = R_n/P_n \cdot P_0 \tag{1-2}$$

式中，T_n 为 n 年储采比，R_n 为 n 年内某矿产累计新增可供利用储量，P_n 为 n 年内矿产累计开采矿石量，P_0 为基期某矿产的产量。

借鉴美国保证 3 年之需的经验，将战略储备，设定为 $R_{战略}=\sum Q_3/e$，其中，Q_3 为某矿产 3 年的需求量。在此基础上，按照我国大、中、小型矿山所占的比例确定各规模类型的资源储备量，并根据已知大、中、小型矿山的规模初步确定其个数。进而，再除以各勘查阶段（1－风险系数）得出各阶段应储备的矿山个数或数量。

陈毓川（2002）首先界定了战略性矿产资源的范围，之后从储备的目的、品种、数量、形式与方式等方面进行了深入论述。认为在当前阶段战略性矿产资源应包括三类：一是国内短缺的、为国民经济建设与社会发展所需的矿产资源，并且进口超过国内需求 30% 以上的矿产，主要有石油、铁、铬、锰、铜、铝、钾盐、铂、钴和金刚石；二是涉及国防安全的矿产资源，主要有铀，以及黑色、有色、稀有、非金属矿产等 30 多种；三是可能影响国际市场、国内处于优势的矿产，如钨、锡、锑、铋、稀土和锂。在储备的目的上，认同以保障国家经济和国防安全为目的，并以此可将战略性矿产资源的储备分为供战争使用的战备储备和保障和平时期经济发展需要的经济安全储备。在储备的品种上，认为我国作为发展中国家目前只能从最急需的、有限量的矿产品起步，随着国

力的增长再逐步扩展,首批应考虑的矿种应是石油、富铁矿、铬铁矿、锰矿、铜矿、铝矿、钾盐、铂、钴、金刚石、铀、钨、锡、锑、铋、稀土、锂共17种。储备量则应考虑矿产的年消费量、未来发展的需求量、进口依赖程度、科技进步等影响因素,并根据储备成本、风险概率、储备效益,以及国力可承受程度等寻求国民经济损失最小的数量。储备的形式则可采用矿产品储备与矿产储量及资源量储备相结合的方式,并采取国家、地方、企业共同储备的方式。除此之外,还建议尽快建立国家战略性矿产资源储备组织领导机构、专门的管理机构,组织制订战略性矿产资源储备的规划、计划,发布有关战略性矿产资源储备的法律、法规及实施细则,尽早对重点矿产进行储备试点,制定优惠政策鼓励民间储备等。

孙永波和汪云甲(2005)在分析了煤炭资源储备具有防止供应中断、抵御价格冲击和缩短订货提前期三个作用后,引入变量,建立了我国煤炭资源储备量的模型,即 $v_t = (y_t - \hat{y}_t)/\hat{y}_t$。其中,$v_t$ 为煤炭资源可供量波动指数,反映了资源可供量偏离资源趋势可供量的程度,其值越大,说明资源可供量偏离趋势产量越远,资源供给的稳定性越差;其值越小,说明资源可供量偏离趋势可供量越小,资源供给的稳定性较好。y_t 为 t 年煤炭资源实际可供量,等于资源产量与净进口之和。$\hat{y}_t$ 为 t 年资源趋势可供量,反映资源可供量随时间推移所表现出来的一种较为稳定的增长或下降趋势,代表资源可供量的基本方向,由预测法求得。作者采用简单趋势回归法,即将年份作为变量,资源可供量作为因变量进行回归计算。专项储备量计算模型为

$$S = \max(|S_t|, |W_t|)$$

$$S_t = \max(\sum_{t=1}^{1} Q_t, \sum_{t=1}^{2} Q_t, \cdots, \sum_{t=1}^{n} Q_t), \quad W_t = \min(\sum_{t=1}^{1} Q_t, \sum_{t=1}^{2} Q_t, \cdots, \sum_{t=1}^{n} Q_t)$$

$$Q_t = \begin{cases} (y_t - \hat{y}_t)(1 - \alpha/v_t) & (0 \leqslant \alpha \leqslant v_t) \\ 0 & (\beta \leqslant v_t \leqslant \alpha) \\ (y_t - \hat{y}_t)(1 - \beta/v_t) & (v_t \leqslant \beta \leqslant 0) \end{cases} \quad (1-3)$$

$$M_t = |Q_t|$$

式中,S 为专项储备量;S_t、W_t 分别为最大和最小累计煤炭资源储备量;Q_t 为第 t 年储备量,反映煤炭资源的调控幅度;M_t 为第 t 年绝对储备量;α、β 为设定的煤炭资源可供量的波动范围,体现为一定的煤炭资源安全及其成本水平。作者还通过不同方案对2005年我国煤炭资源专项储备量进行了测算。

齐亚彬(2002)认为矿产资源储备的意义主要有三方面:一是为了增强国力;二是为了缓解由于自然和人为等因素所造成的矿产资源供应危机;三是为了保障国民经济和社会的可持续发展。他指出我国的大部分矿产资源基本为自

己自足，矿产资源战略储备问题没有引起充分重视，自从大庆喇嘛甸油田动用后，再没有建立战略储备油田。因此，严格意义上我国的国家矿产资源战略储备实际上处于空白。同时他认为，我国进行矿产资源战略储备存在着有利条件和不利因素。有利条件有三：一是我国矿产资源种类齐全，部分矿产具有一定的世界优势；二是我国幅员辽阔，成矿条件比较优越，找矿潜力很大；三是从世界范围看，已探明的矿产资源非常丰富，保证程度高。不利因素包括：一是我国矿产资源人均不足，仅占世界人均占有量的58%；二是国民经济支柱性矿产经济可采储量严重不足，矿产资源保证程度较低；三是资源条件复杂，即"三多三少"的资源特点；四是一些重要矿产主要集中在偏僻、边远地区，与生产力布局不匹配。在储备矿种选择上，他认为应包括15种国民经济支柱性矿产及占世界储量绝对优势或国内严重短缺的矿产，具体包括石油、天然气，以及铀、铁、铜、锰、铝、铅、锌、铬、镍、钴、钨、钒、钛、稀土、锑、铂族金属等。他分析了影响储备量的因素，并指出对于因短缺而易受冲击矿产，储备量的影响因素主要包括矿产品用量指标、其他资源替代量指标、开采量与经济可采储量比指标等。对于依赖国外资源，需要大量进口才能满足需求的矿产，影响因素主要包括对外依存度、资源经济对外依存度、矿产品贸易逆差和矿产品进口贸易绝对值等。在储备形式上，他认为矿产资源储备种类有三种，即探明资源储备、原材料储备和矿产品储备。储备形式可分为分散储备和集中储备两种。最后他还提出了成立储备管理机构，建立法律法规体系，国家、地方、企业三级储备形式等政策建议。

王玉平（1998）在分析了我国矿产资源储备的目的、意义及国外矿产资源储备的现状后，分析了我国矿产资源储备存在的问题和现状。主要问题有三：一是客观储备不足，难以保证长期需要；二是矿产资源储备制度尚未建立，资源储备工作开展不够；三是呆矿较多，难以利用。能源矿产主要包括煤炭、石油、天然气、地热、铀矿、油页岩六种矿产。金属和非金属可根据其资源优劣、储量及人均占有量和保证程度大体分为三类：一类是资源丰富，储量大，能源储量和人均占有量居世界领先地位，具有明显优势或较大优势，如钨、锡、钼、稀土等；二类是资源比较丰富，探明储量居世界前列，或资源潜力比较大，能够满足国民经济一定时期内需要，如铁、锰、铜、铅、锌等；三类是资源不足或短缺，如铬、钴、铂族金属、金刚石、钾盐、优质高岭土等矿产。鉴于人们对矿产资源储备制度了解和研究不够，建议相关部门进行必要的宣传和研究。

综上所述，国内对矿产资源储备的研究较少，仅有的上述研究也多集中在对单矿种矿产品储备方面，很少涉及矿产地储备。一些提到矿产地储备的研究也只是在储备的宏观思路上进行了探讨，表现在：一是缺少确定储备矿种的依据；二是缺少依据资源短缺程度对储备资源必要的分类，并采取不同的储备规模确定方法，或者就没有储备规模、布局的确定方法；三是储备规模和储备布局缺少阶段划分；四是缺少储备布局和配套的储备管理体制与运行机制研究；五是只针对某种产品储备，缺少其他矿种及矿产地储备的探讨；六是研究停留在储备的宏观思路上，缺少应用层面上的管理、运行和操作研究，缺少对矿产资源储备尤其是矿产地储备的系统研究。

二 我国矿产资源储备相关政策及实践

（一）现行矿产资源战略储备的相关政策

中国人口众多，资源较为丰富，但人均占有资源量不多，主要矿产资源供需矛盾随着经济高速发展日渐突出。鉴于矿产资源在国民经济中的重要战略地位与现实矛盾，中央政府高度重视我国矿产资源战略储备。

2001年颁布的首轮全国矿产资源规划要求从保障国家安全出发，统筹规划，分步实施，逐步建立适合我国国情的战略矿产储备体系，增强抵御突发事件、国际局势动荡和国际市场风险的能力。战略矿产储备采用国家储备与企业储备相结合的方式：依靠财政等手段逐步建立国家战略储备，应对供应中断；通过法律和经济手段，强制性要求战略矿产生产、销售企业和大的消费用户保有一定比例的战略矿产储存。实施战略矿产储备的重点：一是供应短缺会对我国社会经济发展、国家安全造成较大冲击的矿产，尤其是主要依赖国外资源、需要大量进口以满足需求的短缺矿产；二是我国在国际市场处于优势地位、其出口对国际市场价格具有重要影响的矿产。需抓紧进行战略矿产储备方案的研究论证，制定战略矿产储备专项规划和有关政策法规，建立战略矿产储备的法律制度、经济政策、管理体制和储备技术。"十五"期间启动石油战略储备，建立战略矿产安全供应的预警系统，及时跟踪战略矿产供需动向，为战略矿产储备的运作和调整提供决策依据。

2003年12月，国务院批准的中华人民共和国国土资源部（以下简称国土资源部）《关于中国矿产资源全球战略研究》中提出资源安全与战略储备问题，指出矿产资源战略储备是应对战略和关键矿产突发供应中断最直接、最有效的手段，并借鉴美国的经验提出战略储备制度的三种形式，即矿产地战略储备制度、战略石油储备制度和矿产品战略储备制度。同时，对三种不同储备形式各自涉及的矿种、数量、方式、途径等提出了原则性的意见。

2005年，中华人民共和国财政部（以下简称财政部）在向国务院领导报送《关于进一步推动矿产资源有偿使用制度改革的初步设想》中，明确提出要通过建立矿业权储备制度增强国家对矿产资源开发利用的宏观调控，进一步指出可以纳入储备的矿业权包括四个方面：一是由国家占有，但尚未出让的矿业权；二是非国家出资勘查形成的矿业权；三是为维护国家矿业安全或加强宏观调控的需要，国家出资收购或回购的矿业权；四是已灭失的矿业权，以及因各种因素造成出让后国家收回形成的矿业权。财政部的报告认为，需要国家出资来储备的主要是上述第二、第三类矿业权。矿业权储备的资金来源可以从国家有偿出让矿业权取得的收入中列支，也可以采取银行贷款财政贴息的办法。

2006年，国务院原副总理曾培炎向十届全国人大常委会二十五次会议报告中国矿产资源合理利用、保护管理工作情况时透露，中国将建立矿产资源储备制度，利用外汇储备较多的条件，增加国家战略性资源的储备。《中华人民共和国国民经济和社会发展第十一个五年规划规划纲要》（以下简称《纲要》）已对矿产资源战略储备做了原则规定。《纲要》明确提出，要完善重要资源储备制度，加强国家重要矿产品储备，调整储备结构和布局，实行国家储备与用户储备相结合，对资源消耗大户实行强制性储备。这就为我国矿产资源战略储备制度的构建，提出了任务，明确了方向。

2006年，国土资源部在其颁布的《国土资源"十一五"规划纲要》中进一步明确了矿产资源战略储备的有关内容，主要包括"十一五"期间，一是要建立我国矿产资源储备机制。积极推进石油和重要矿产资源国家战略储备、商业储备，能源和重要矿产资源分期、分批纳入储备序列，建立政府和企业共同出资的储备机制，初步形成国家能源、重要矿产资源战略储备体系；二是要推进能源和重要矿产资源战略储备。加强石油和铀等能源矿产地战略储备、煤炭资源战略储备；强化石油储备库及储备系统建设，建立较充足的铀资源矿产地战略储备；启动铁、铜、铝、锰、铬、钾盐等非能源短缺性矿产和稀土、钨等优势矿产的矿产品战略储备，逐步推进探明矿产地的战略储备。由此可以看出，《国土资源"十一五"规划纲要》中关于矿产资源战略储备的规划，内容更加丰富，思路更加清晰，表明中央宏观决策层已更加重视矿产资源战略储备。

2008年12月颁布的《全国矿产资源规划（2008～2015年）》（以下简称《规划》）指出我国资源战略储备能力不足，有效应对资源供应中断和重大突发事件的预警应急能力较弱，矿产资源安全供应面临更大的挑战。《规划》进一步明确要求实施矿产资源储备，逐步建立适合我国国情的矿产储备体系，实行战略矿产储备制度，增强应对突发事件和抵御国际市场风险的能力，推进建立石油、特殊煤种和稀缺煤种、铜、铬、锰、钨、稀土等重点矿种的矿产资源储备，建立管理机构和完善矿产资源战略储备运行机制，形成国家重要矿产地与矿产品相结合、政府与企业合理分工的战略储备体系。

一是建立矿产地战略储备机制。重点加强西部地区已查明矿产资源储量的矿产地战略储备。以整装大、中型矿区（床）为对象，建立10～20个大中型特殊煤种和稀缺煤种井田储备。对钨、锡、锑、稀土等按照国家规定实行保护性开采特定矿种的重要矿产地战略储备，建立10～30个大中型矿产地战略储备。启动山西、内蒙古、湖南、江西、云南、青海等优势矿产资源富集地区矿产地战略储备调查评价与勘查。国家主导，企业联合，加快国家储备矿产地的探矿权整合。实行矿产地战略储备补偿机制，落实矿产资源储备地保护政策，通过多种渠道投入，加大对矿产资源储备地的保护、管理和经济补偿力度。到2015年完成约50处重要矿产地战略储备。

二是建立紧缺矿产的矿产品储备机制。启动和完善石油、铬、铜、锗、钢等紧缺和重要矿产的矿产品国家战略储备，积极推进企业的商业储备，加大东部地区的矿产品储备基地建设力度。加快开展枯竭油气藏、含水构造、地下盐穴储油库等选址论证工作，积极促进地下空间资源开发利用。对东南沿海适合建设大规模地下储油库的地质构造区进行勘查，为大型地下储油气库建设提供支持。

总的来看，国家矿产资源战略储备已从理论探讨逐渐被纳入国家规划，无疑为我国未来矿产资源战略储备的发展，奠定了重要基础，指明了前进的方向。但是从目前看，除石油储备和矿产品储备外，基地储备仅仅是纳入或即将纳入相关规划，相关制度还是原则性的，可操作性的办法尚未出台，其建立与完善还需要一个过程。

（二）石油战略储备的实践与政策

建立石油战略储备是保障能源安全的必要措施，可以稳定供求关系、平抑市场价格、应对突发事件。我国石油战略储备1993年开始酝酿，2003年中央正式批准实施。石油工业的"十五"计划明确提出"加快建设国家石油储备体系（包括战略和民用），到2005年储备能力达到800万立方米"。《国土资源"十一五"规划纲要》提出，加强石油等能源矿产地战略储备，强化石油储备库及储备系统建设。

在机构组织方面，2003年中华人民共和国国家发展和改革委员会（以下简称发改委）能源局成立，2005年又成立直属国务院的能源领导小组办公室，具体负责我国石油储备体系的建立。为加强我国战略石油储备建设，健全石油储备管理体系，经国务院批准，国家石油储备中心于2007年12月18日正式成立。国家石油储备中心是我国石油储备管理体系中的执行机构，宗旨是为维护国家经济安全提供石油储备保障，职责是行使出资人权利，负责国家石油储备基地建设和管理，承担战略石油储备收储、轮换和动用任务，监测国内外石油市场供求变化。

我国石油战略储备基地总共规划了三期。第一期的石油储备基地包括：浙江省宁波市的镇海、舟山市的岱山、山东省青岛市的黄岛、辽宁省的大连。第一期的石油储备基地总共1600万立方米，其中镇海和舟山基地各500万立方米，黄岛和大连各300万立方米。目前四个基地都已经建成，具备收储能力。其中镇海基地建设最快，于2006年建设完成，并全部装满。其他三个基地也进入了试运行阶段，开始收储。

2008年，第二期的石油储备工作已经开始启动。第二期石油储备基地拟向地下发展，进行大规模的地下储备。地下储备相对于地上储备而言，无论从占地、建设成本、环保和安全角度来看，都有很大的优势。

值得一提的是，石油储备的立法工作也已经纳入到国家议事日程。

综上所述，石油是国家重要的能源资源，迄今我国不仅将石油储备纳入国家规划，而且已付诸实施。这必将为我国未来石油战略储备的更好发展，以及为我国其他能源资源乃至非能源矿产资源战略储备体系的构建，提供重要的借鉴，积累宝贵的经验。

（三）矿产地战略储备的实践与政策

从国家层面上讲，矿产资源的战略性储备不但与经济实力息息相关，还与资源的内外供给结构密不可分。由于受诸多因素作用，虽然我国矿产资源储备概念的提出比较早，但出台相关政策措施较晚，真正落实也只是近两三年的事情。总的来说，我国矿产资源储备条件不足，工作起步相对较晚，缺乏主动性。这是新一轮矿产资源规划要解决的问题。建立矿产资源储备基地是经济持续发展的大势所趋。影响到国民经济的主要资源应成为储备重点，相对于能源矿产，我国的优势矿种更具备战略性储备条件。

值得注意的是，首轮矿产资源规划就已经提出了矿产资源储备的要求，在控制矿产资源开发规模、可持续利用和市场调节等方面发挥了作用。新一轮矿产资源规划计划在煤炭、冶金、有色金属等相关行业规划研究和矿产资源供需形势分析、矿产资源开发利用布局和结构优化、矿产资源战略储备等共计32项专题研究基础上进行了编制，力图对首轮规划作进一步深化，从可持续发展和保证优势资源地位的角度明确提出我国矿产资源战略储备的目标和要求。同时，就建立适合我国国情的矿产资源储备体系提出建议和建立矿产地战略储备机制的有关实施内容，增强操作性，对我国矿产资源基地储备工作的开展将起到重要的推动作用。

2008年12月22日，由国土资源部起草的《全国矿产资源规划（2008～2015年）》通过了国务院批复。我国已将矿产地战略储备提上了议事日程。

三　国外矿产资源储备的研究和实践

矿产资源战略储备问题，最早由英国提出。1917年，英国皇家自治委员会提出建立资源战略储备设想，但是英国政府的矿床储备库直到1983年才正式建立，而且很快于1994年撤销。

美国是世界上第一个正式建立矿产资源战略储备的国家。第一次世界大战（以下简称"一战"）结束后不久，美国在阿拉斯加建立了战略石油储备基地，由此矿产地战略储备诞生。1939年，美国正式制定了《储备法》，并于1946年通过《战略物资储备法》（1998年修订），1950年通过了《国防生产法》（1999年修订），标志着美国矿产品战略储备机制的建立。继美国之后，法国、英国、瑞典、瑞士、挪威、芬兰、德国、日本、韩国等十几个国家，仿照美国的模式，均建立了相应的以保障国防安全（后延伸到经济安全）为目标的矿产品战略储备制度。

第一次石油危机后的1974年，主要的石油消费国成立了专门对付石油供应中断，实质上是专门对付石油输出国组织（即OPEC，以下简称欧佩克）的国际能源署（International Energy Agency，IEA）。IEA成员国签署的国际能源计划协议规定，成员国有储备相当于其90天石油净进口量的法定义务。此后，各国的石油储备从其矿产品战略储备制度中独立出来，专门建立了战略石油储备。IEA的建立，是当前世界主要国家所实施的战略石油储备制度的根源。

（一）美国矿产资源战略储备制度

国外矿产资源储备的发展进程中有三个标志性的历史事件。一是"一战"结束后不久的1923年2月27日，时任美国总统哈丁为建立阿拉斯加国家油储而颁布的第3797A号总统行政命令，矿产地战略储备的根源正在于此；二是第二次世界大战（以下简称"二战"）前夕的1939年，美国通过的《战略物资储备法案》，以及"二战"后不久的1950年美国通过的《国防生产法》。大多数国家固体矿产的矿产品战略储备，其根源正在于此；三是第一次世界石油危机后不久的1974年11月15日，为对付欧佩克，成立了IEA。当前世界上绝大多数国家的战略石油储备，其根源正在于此。

显然，前两个标志性历史事件的主角都是美国，这些事件成为国际矿产地战略储备和矿产品战略储备的源头。第三个历史事件，即IEA也是在美国的倡议下建立的。可见，美国在推动国际矿产资源战略储备制度的建立方面发挥了不可忽视的作用。同时，美国的矿产资源战略储备制度也为各国建立和完善相应的储备制度提供了参考。

1. 美国矿产地战略储备制度

在美国，矿产地战略储备指为满足国家紧急或非常情况下的需要，将某些已知蕴藏有或可能蕴藏有重要战略矿产的地区，或某些已探明储量的矿地，作为战略保留基地，不准进行商业性勘查开发，仅供国家非常时期使用。具体做法是，通过法令将这些地区从矿法的管辖范围内撤出来或进行专门的规定，在战略储备基地内，由国家投资普查（有时也进行勘查），除非经特别许可，不向矿产勘查和矿业公司签发探矿许可证与采矿许可证从事商业性勘查开发活动。

矿产地战略储备，储备的对象是蕴藏有或可能蕴藏有重要战略矿产的地区，实际上储备的是探明储量或未探明的资源量。例如，美国在阿拉斯加北坡划出了大片含油土地作为国家石油储备地，只探不采。这是美国为了其长期的战略利益，把自己的资源储备起来，先去开发其他国家的资源。此外，玻利维亚、墨西哥，以及其他一些国家也曾将国土面积中的一部分作为矿产资源战略储备地区保留起来（但20世纪80年代末90年代初以来，为了适应其矿业对外开放的要求，大多又将这些地区重新开放，供投资者勘查开发）。

可见，国际上许多国家都建立了矿产地战略储备制度，但美国的基地储备制度更具典型性、影响也更大。

（1）基地储备目的。美国矿产地战略储备制度明确表示："为国家目的而保留含矿土地"。这里的"国家目的"主要指保障国家国防安全。后来，这个概念又逐渐延伸到保障国家经济安全和其他公益目的。这里的"含矿土地"，主要是指已知蕴藏有或可能蕴藏有对国家发展和安全有特殊或重要价值的土地。在许多国家的实际执行中，这些保留的土地，大多处于边远地区，基础设施条件不佳，即便是目前允许开发也不甚经济。

需要指出的是，特殊情况下，国家可以出于对矿产经济实施宏观调控的目的，而将一些含矿土地进行保留，但一般不会保留资源前景好的土地。

（2）基地储备原则。储备制度规定："在为国家目的而保留的含矿土地内，允许勘查，但除非紧急情况发生，否则不得开发"。勘查主要是由国家地质调查机构来开展，一般是一些基础地质调查、地质填图、大比例尺物化探测量，有时也包括矿产普查，一般不会开展商业性勘查工作。这种一般性的勘查工作完成以后，基本上可以查明该基地内资源远景甚至可以确定资源量，以后在非常状况发生时，稍加补充工作，即可开采。勘查工作的资金一般来源于国家专门预算。国家地质调查机构负责执行这些预算并完成相应工作。国家地质调查机构也可以委托公司开展相应工作。

这里的"紧急情况发生"，一般情况下需经总统或国会指定授权。这里的"除非紧急情况发生，否则不得开发"指经总统或国会认定发生了紧急情况，可以授权开发保留的、含矿土地内的矿产资源。

(3) 专门法律规范。矿法主要调整矿产资源勘查开发过程中的各种经济和法律关系。矿产资源战略储备基地，即为国家目的而保留的含矿土地，不受矿法的管辖，不执行矿法中的矿业权管理制度，至于在紧急情况发生、允许开发时，是否受矿法管辖，则是另外一个问题。

因此，矿产地战略储备，需要制定专门法律来调整。比较有代表性的、可供借鉴的法律为《美国海军石油储备法》及《美国阿拉斯加国家石油储备法》。

(4) 专门部门管理。美国在"一战"前后共建立了四个海军石油储备及三个海军油页岩储备，当时均由海军部管理，后来海军油储 1～3 号及海军油页岩储备 1～3 号由能源部管理，海军油储 4 号更名为阿拉斯加国家石油储备后由内政部管理。

2. 美国矿产品战略储备制度

矿产品储备政策是美国矿产政策的基石，也是美国的一项基本政策。早在"二战"前，美国就制定了储备法（1939 年），实行了重要矿产的战略储备。原美国矿山局和美国地质调查局还依据该法研究了美国锑、铬、锰、汞、镍、锡和钨 7 种战略矿产的可能供给来源和方案，并在整个"二战"期间将研究范围扩大到 39 种矿产（不包括普通工业矿物），提出了美国解决矿产问题的对策，这为美国日后赢得战争并制定相关矿产政策奠定了重要基础。

"二战"结束后不久，冷战爆发，美国朝野上下认识到了战略和关键矿产对国家安全和国家经济的重要性，提议用法律形式确立国家的矿产储备制度。1946 年，美国国会通过了《战略物资储备法》，标志着美国矿产储备制度和矿产储备政策的正式形成和实施。这一时期的矿产储备政策主要是为应对发生大规模军事冲突和突发事件而制订的。它既有有利的一面，也有不利的一面。有利的一面是保障了国家安全，不利的一面是增加了国家的经济负担。美国为储备矿产品，仅用于购买矿产品的费用（拨款）就达近百亿美元。

冷战结束后，针对世界出现的新形势和新发展，美国政府又大幅调整了矿产储备政策，使其适应新形势下的全球经济竞争。1992 年美国国会通过了《1993 财政年度国防授权法》，批准处理国防储备库中价值约 50 亿美元（根据当时市场价值估算）的过时和过剩的储存品。从 1993 年起，成立于 1988 年并具体负责对此管理的国防国家储备中心开始分批卖掉部分储存的矿产品。鉴于 20 世纪 90 年代中期世界形势的进一步缓和与发展，美国国会于 1996 年又通过了《1997 财政年度国防授权法》，指示总统进一步处理国防储备库中的材料，以产生收益。同时，该法修改了《战略物资储备法》中关于战略与关键矿产材料的 3 年储备要求，使美国的重要矿产储备量达到比较科学与合理的水平。

3. 美国战略石油储备制度

1973～1974 年爆发的石油危机，导致美国的石油运输线被切断，给整个美国经济带来了巨大的冲击。在此背景下，1975年美国国会批准了《能源政策和储备法》（The European Petrochemical Association，EPCA），开始着手建立美国石油储备计划。

（1）建立的时间与储量规模。美国战略石油储备整个建立过程耗时近十年。从1976年开始建设，1977年第一批石油开始入储，到1986年石油的储备量达到了5亿桶，以后一直稳定在5亿桶以上，最高年份是1994年，达5.92亿桶，可供应82天。1999年的石油储备为5.67亿桶。而如今美国拥有5.45亿桶战略石油储备。

（2）石油储备成本。1976~1999年底，美国战略石油储备累计投资212亿美元，其中159亿美元用于购买原油，53亿美元用于储备设施（包括近4亿美元日常经费开支）。

美国战略石油储备的设计容量可达7亿桶，石油储备平均成本价格在每桶27美元以上。

（3）石油储备点的选择与储备方式。美国石油储备比较集中，路易斯安纳州和得克萨斯州各有两个储备点。美国的石油储备之所以选择在墨西哥海湾一带建立储备点，主要原因有两个：一是当地海岸集中了500多个可供储油的盐穴。盐穴结构为长久储备石油提供了安全、低成本的方式，每桶容积平均成本只有1.5美元，而同样容积的地上油罐造价需要15~18美元。由于盐穴是在地下2000~4000英尺[①]，地层压力将封闭任何裂缝，盐穴上下2000英尺的落差形成的自然温差将保持原油在盐穴里循环流动，非常利于保持油品的质量。二是墨西哥海湾有21家大型炼厂，还有便于供油品运输的油罐、管道、驳船和码头，并能通过这些设施与中部和中西部的28个炼厂相连（这49个炼厂的产出能力几乎达到美国炼厂总能力的50%）。这就使反应能力快速提高，因为美国石油储备相关法律要求必须确保在90天内，石油输出能力为每天410万桶；在总统宣布动用决定后的15日内，石油必须进入市场。

（4）动用条件。美国战略石油储备的主要目的是为了防范石油供应中断。它并不担当石油市场供求和价格波动的调节义务。美国战略石油储备的紧急动用至今只发生过两次，一次是海湾战争期间，另一次是在2008年的国际石油价格暴涨情况下（受到了包括美国财政部部长在内的很多人的批评）。

动用石油储备必须符合《能源政策和储备法》所设定的三种可能出现的形式。

一是全面动用。总统在发生下列情形时，可下达全面动用的命令来应付"严重的能源供应中断"：已经出现或者将出现大范围、长时间的能源短缺和形势紧急状态；对国家安全和经济产生重大的逆转性影响。上述结果大致是由下

---

① 1英尺＝0.3048米。

列原因所致：进口石油产品供应中断；国内石油产品供应中断；遭遇破坏或者不可抗逆。

EPCA 所规定的"严重的能源供应中断"是指：在相当的范围和时间内石油供应大幅减少的紧急状态。紧急状态导致石油产品价格严重上涨，价格上涨很可能对全国经济产生严重的逆转性影响。

二是有限动用。如果总统认为出现以下情况，可进行有限动用：达不到上述描述的严重程度，形成或者很可能形成范围大、持续时间长的国内和国际的石油供应短缺。采取有限动用行动将直接地或者明显地抵御能源短缺产生的逆转性影响。

能源部可以采取行动动用战略石油储备，但是在下列情形下不可行动：超过总量 3000 万桶；动用时间超过 60 天；储备石油低于 5 亿桶。

三是测试性动用。测试性动用主要是为了测试储备设备系统是否能够正常运行，防止在紧急动用时发生故障。能源部部长被授权可以执行原油的测试性动用和分配，但是任何测试性动用的总量不得超过 500 万桶。

(5) 石油储备主体和相应的储备量。美国的石油储备包括政府储备和企业的商业储备。按照国际能源机构对各国石油储备的建议，一国石油储备量应相当于 90 天的进口量。美国政府的战略石油储备量 2001 年年底为 5.45 亿桶（7500 万吨左右），大约相当于美国 50 多天的石油进口量；美国企业的商业储备大大高于美国政府的战略石油储备，约为 17.1 亿桶（23 500 万吨左右），相当于 150 天的进口量。相对于美国石油年消费量 8.52 亿吨和年进口量 5 亿吨来说，美国战略石油储备是适度的，与战略石油储备的功能定位也是一致的。

(6) 石油储备的管理机制。美国联邦政府的石油战略储备虽由政府负责，但其运行和管理机制却是高度市场化的。从建设储油库、采购石油到日常运行管理，费用均由联邦财政支付，设有专门的石油储备资金预算和账户。战略储备的决策程序由能源部、财政部和白宫预算办公室会商，向总统提出方案。经总统同意并向国会提出建议，由国会批准才能生效。

由于战略储备量较大，其采购和储备量可能会影响市场价格。为了避免对市场造成冲击，战略储备的招标和投放基本遵循市场招标机制。

战略石油储备系统的运行方式是：政府制订规划，委托民间机构管理站点日常运行。

综上所述，可以看出美国的矿产资源战略储备制度建立较早，发展相对成熟。其突出的特点是：储备矿产资源种类多，形成了集矿产地战略储备、矿产品战略储备和战略石油储备为一体的全方位的储备体系。同时它也是政府储备的典型代表。

(二) 日本矿产资源战略储备制度

日本是一个矿产资源非常匮乏的国家。据经济产业省的数据显示，日本有储量的矿种仅有12种。日本是金属矿物资源小国，却是有色金属消费大国，对许多矿产品的需求量均居世界首位，并对多种有色金属的进口依赖度平均在95%以上。99%的石油、73.3%的煤炭、99%的铁矿石，以及100%的镍、锰、钛等稀有金属均依靠进口。

1. 稀有金属国家储备制度

日本对稀有金属资源的依赖度很高，就需要根据国情制订稀有金属战略资源的保障制度。

日本政府从20世纪60年代就开始了海外矿产资源的摸底调查，通过政府的财政、政策支持，以及一系列鼓励性立法等措施，建立海外矿产资源勘查补助金制度，成立特殊金属协会（RMA）负责民间储备的运作，并成立独立行政法人——石油天然气金属矿物资源机构（JOGMEC）负责稀有金属国家储备的运行。通过向资源国输出技术、资本及人力资源，积极参与海外矿产资源的开发，积极实施国家储备和民间储备，基本保证了国家经济发展所必需的矿产资源的稳定供应。

从1974年开始，日本政府就对稀有金属储备矿种的选择问题展开了研讨。直到1983年，日本矿业事业团负责国家储备正式运行，并建立国家储备和民间储备的协作制度，确定了国家储备矿种为镍、铬、钼、锰、钒、钨、钴。

（1）民间储备制度。日本通产省认为，拟建立的国家储备制度的第一受益者应该是国内民间企业，因此于1982年通过特殊金属储备协会，民间开始运行储备制度。

稀有金属的民间储备由社团法人特殊金属储备协会牵头，该协会由16家炼钢企业、13家冶炼企业和钨钼工业会的6家会员企业组成。

特殊金属储备协会的主要职能是：①稀有金属的民间储备和抛售；②储备物资的进口和销售；③稀有金属抛售前的调研工作；④全球稀有金属供求状况分析；⑤协助国家储备实施主体——独立行政法人进行石油、天然气、金属矿物储备机构的工作；⑥其他业务。

日本稀有金属民间储备由29家正式会员、1家赞助会员（钨钼工业会）分担负责，储备保管场所选择在会员工厂内或者附近的仓库，并且制订了高效的储备投放制度。特殊金属储备协会通过对储备物资的运营，降低民间企业的财政负担和风险，保证民间储备赞助事业的推进，从而保证机械工业的振兴。目前，特殊金属储备协会受到日本自行车振兴会、自行车经济体育项目的赞助。

(2) 国家储备制度。日本于1983年开始实施国家储备制度。当时的储备制度分三部分：国家储备（长期对策）、共同储备（中期对策）和民间储备（短期对策）。储备对象为金属，共7种。1986年，为了保证储备制度的运行效率，日本废除了共同储备，整合后的国家储备制度包括国家储备（中长期对策）和民间储备（短期对策）。储备目标是国家储备保障42天（70%），民间储备18天（30%）（表1-1）。

表1-1 日本稀有金属储备制度情况

制度项目	国家储备	民间储备
储备主体	石油天然气金属矿物资源机构（JOGMEC）	特殊金属储备协会牵头的29家民间企业和1家赞助团体
储备对象	镍、铬、钼、锰、钒、钨、钴7种	
储备目标	维持基本产业活动，保障国家经济安全	按照各自的储备制度，保证企业日常使用量
储备场所	茨城县储备仓库统一管理	50处民间储备基地各自管理
储备规模	国内基本消费量的70%（42天）	国内基本消费量的30%（18天）
	合计保障60天的国内基本消费量	

资料来源：许大纯，2001

1985年，日本在茨城县开始着手建设国家储备仓库，并将共同储备物资分批转移到国家储备仓库。国家储备仓库设有专门的管理中心，定期对仓库设施、计量检测设备进行维护和检查，并对收储物资进行定期检查，防止品质下降，以保证储备物资抛售制度的有效运行。

2004年，日本设立了独立行政法人——石油天然气金属矿物资源机构，整合了石油公团和保障有色金属矿物资源安全供给的金属矿业事业团两个管理机构的职能。石油天然气金属矿物资源机构下设石油开发支援本部、石油开发技术本部、金属资源开发本部、资源储备本部和金属矿害防止支援本部共5个部门。其中，资源储备本部下属的稀有金属储备部负责稀有金属储备制度的日常运转。

2. 石油战略储备制度

20世纪70年代开始，日本政府着手依法建立石油储备，经过30多年的发展，建立了包括原油、成品油和LPG（液化石油气）在内的民间和政府两级石油储备，并在石油储备的管理方面积累了丰富的经验。

日本的石油储备原来由日本石油公团负责管理，为了提高管理效率，降低运作成本，在首相小泉纯一郎改组、合并77家国有机构的计划框架下，日本2001年开始对石油储备管理体制进行改革，并由JOMEC将石油公团与金属矿产事业团合并，从石油公团手中接管了国家石油储备的全部管理职责。

(1) 依法建立石油储备。日本的石油储备制度从建立到发展、改革，一直都依据相应的法律，坚持法律先行。日本政府于1971年公布了《60天民间石油储备目标》；1973年颁布了《石油供需优化和紧急措施法》，对民间储备的建立、动用等机制进行了规定；同年宣布了《90天民间石油储备增加计划》，并于第二年发表了相应的《90天民间石油储备增加对策纲要》；1975年制定了《石油储备法》，该法规定石油公司、石油和液化气进口商和政府都有义务建立石油储备和LPG储备；1978年日本政府提出了国家石油储备3000万立方米的目标，并颁布《石油公团法》，将原有的石油开发公团改制为石油公团，负责建立国家石油储备和支持私营公司从事石油勘探与开发；1981年和2000年日本分别对《石油储备法》进行了修订；1987年，政府宣布将国家石油储备目标提高到5000万立方米，而将民间石油储备目标由90天降到70天。

（2）石油储备的动用。日本石油储备的动用分为两个层次，在国内石油供应短缺或中断的情况下，要考虑需求抑制。首先，动用民间储备，动用方式是降低民间储备目标量，而不是政府直接干预；其次，动用国家储备，动用的权力归经济产业省大臣。

3. 石油储备的管理和运行机制

日本政府的经济产业省资源能源厅代表政府对石油储备实施决策权，负责制订石油储备政策，协调政府部门之间的工作关系，决定国家石油储备的收储、动用，审定石油储备费用及担保等预算。

在石油储备体制改革前，根据《石油公团法》的规定，日本石油公团（JNOC）在经济产业省（原通产省）的指导下，作为政府特别法人对石油储备行使管理层职责。日本石油公团负责制订国家石油储备基地建设、石油储备的运作计划，具体管理8个国家石油储备公司。

国家石油储备公司由石油公团出资70%、民间出资30%组建，负责石油储备基地的建设，实施石油储备的具体运作，管理国家石油储备基地等。储备基地土地和所储石油的产权归石油公团所有，而储备基地的设施设备归石油储备公司所有。

从运作机制上看，石油公团负责石油储备规划、计划、应急预案的实施，并代表国家与石油储备公司签订《原油寄托契约》，储备公司则负责基地的安全、设备操作、石油进出库等工作。

4. 石油储备制度改革

日本石油储备的建设和管理取得了瞩目的成就，但是长期以来，日本政府对国家石油储备及石油公团的管理缺乏有效的约束机制：一方面国家对石油公团运作的整个过程进行管理和干涉，使石油公团的主观能动性受到影响，不能自主决策；另一方面石油公团行政色彩浓厚，对财政依赖性强，造成日本石油储备成本难以有效控制。此外，日本政府通过日本石油公团资助的数百个海外石油勘探开发项目大都没有取得积极的成果，耗费了大量资金，在日本政坛和舆论界引发强烈的不满。2002年日本参议院会议通过了《石油公团废止及其关联法》,决定把石油公团的石油开发业务委托于民间,石油储备转为国家事业。

以 2004 年 2 月 29 日日本石油天然气金属矿产资源机构成立为标志,石油公团与金属矿产事业团合并,日本的石油储备管理转轨到新的体制中。石油公团原有的新开发项目的投资、债务担保及国家储备基地的管理业务都转入资源机构。

此次改革后,政府将石油储备基地的土地、设施设备、石油全部收归国有。资源机构受经济产业省委托管理石油储备,国家储备公司转变为全部由民间投资的操作服务公司。操作服务公司只负责基地的运行管理,接近于物业管理公司,对设施不再拥有产权,注册资本金从 100 亿日元减少到 1 亿日元。资源机构与操作服务公司签订《国家石油储备基地操业委托契约》,双方均按合同条款规定的责、权、利进行运作。

国家只对资源机构提出中期目标,不干预其具体运作,具体管理和实施过程完全由资源机构自己决定。日本政府对资源机构制订未来 3~5 年的中期目标以保证资源机构能经济、高效和透明地运作。2004~2007 年的中期目标包括安全、效率和准备三方面:一是继续保持无事故和无灾难的记录;二是控制石油储备和储备基地的维护和管理成本;三是随时做好应急准备。

资源机构所需费用和与石油储备相关的资金经政府部门(经产省)审批后由政府财政支付。

与美国不同的是,日本属于典型的资源短缺国家,其矿产资源战略储备制度也充分体现了这一国情,采取了以矿产品储备为主的形式。同时,日本在官民并举的共同储备体系建设方面也拥有丰富的经验。

(三) 其他国家的矿产资源战略储备制度

美、日两国的矿产资源战略储备制度相对完善,且各具特色。在详细介绍美、日两国储备机制的基础上,有必要对世界其他主要国家的矿产资源战略储备情况加以描述,以便从全球的视野了解矿产资源战略储备的整体发展状况。

1. 石油战略储备制度

目前世界上建立了战略石油储备的国家中,大多数都是按照 1974 年 11 月为应对石油危机而成立的 IEA 的法定要求而建立的。

(1) 战略石油储备规模。建立战略石油储备,保障石油安全是各国石油工业的任务。美、日、德、法四国的实际储备规模(政府储备和民间储备)都超过 IEA 规定的相当于上年进口量 90 天的水平,分别为 158 天、161 天、127 天和 96 天。

(2) 战略石油储备立法。德国、法国等国都在 1973 年石油危机之后开始对战略石油储备立法，德国是《石油及石油制品储备法》、法国则是《关于工业石油储备库存结构的第58-1106号法》。这些法律中，有相当一部分条款是为遵守IEA的国际能源计划协议（IEP）的有关法定义务而制定的（针对IEA成员国而言）。一些非IEA国家也按照IEP的原则制定了类似法律。IEP关于储备的基本原则是：自1974年11月签订协议开始，到1976年11月协议生效，成员国要建立相当于其60天净进口量的储备，而后逐步扩大规模，到1980年实现相当于90天进口量的储备目标。

各国针对石油储备的法律主要包括三种类型。一是为建立政府控制的战略石油储备而制定的法律，典型例子为美国1975年的《能源政策和储备法》（1992年修订）。二是为建立机构管理的战略石油储备而制定的法律，典型例子包括：1978年日本《石油公团法》（日本由相当于准政府机构的石油公团来管理政府的战略石油储备）；1978年德国《石油储备法修订案》（依该法成立德国石油储备联合会（EBV）来负责国家石油储备，炼油商和进口商必须加入EBV并缴纳会费）。三是要求企业建立商业石油储备的法律。大多数IEA成员国及部分非IEA成员国，均通过法律强制性规定公司必须建立一定数量的储备，其中16个IEA成员国的法律规定，对不执行储备义务的公司可以进行处罚，典型例子包括：1983年日本《石油储备法》；1993年韩国石油经营法；1978年泰国石油法等。

（3）战略石油储备的主体和类型。石油储备的主体有政府、机构和公司。政府为中央政府预算资助、专门组建的政府部门，如美国能源部化石燃料局战略石油储备办公室。其机构为应急目的而建立，由公共机构或私人机构来维持。公共机构来维持的实例包括日本石油公团（JNOC）、韩国国家石油公司、法国的石油战略储备专门委员会（CPSSP）等。私人机构（作为商业性的公司，但也包括部分政府职能）来维持的实例包括德国石油储备联合会（EBV）、法国储备安全管理股份有限公司（SAGESS，1998年成立，作为商业性公司运营，但具有公共服务的职能，负责整个法国储备系统的运营管理）。一般情况下，国家相应法律强制性规定了公司义务储备的要求。

石油储备有上述三类主体，相应的石油储备的类型也有三种。

（1）政府储备。目前4个国家实行这种储备。严格地说，只有美国的战略石油储备（SPR）才算得上是政府储备，但目前日本、韩国、爱尔兰由准政府负责管理的储备也可以算入政府储备。

（2）机构储备。目前有9个国家建立了不同性质的机构储备。它们是法国、德国、荷兰、西班牙、捷克、芬兰、匈牙利、丹麦、爱尔兰。政府储备和机构储备均可归入公共储备的范畴，共涉及12个国家。

（3）公司储备。所有IEA成员国及部分非IEA成员国均建立了公司储备。

除商业性公司的法定义务性储备外,还有 8 个国家要求其国家石油公司进行紧急储备,它们是西班牙、土耳其、意大利、葡萄牙、希腊、奥地利、芬兰、冰岛。

(4) 石油储备的种类和方式。在 IEA 各成员国各类石油储备中,约 2/3 属于原油储备,1/3 属石油产品储备。其中的政府储备,大多数为原油储备,特别是美国和日本,政府储备全部为原油储备。公司储备,则既有原油储备,也有油品储备,这一比例在不同国家差别较大,有的国家法律对储备品种质量有专门要求,有的没有专门要求。

石油储备主要有三种方式,主要包括地下盐丘、硬岩坑道、基础混凝土沟槽或地下油罐。不同储备方式的成本效益不同,并各有其优缺点。

(5) 石油储备的动用机制。①动用条件。例如,德国的石油储备只能通过经济部部令方式才能动用,其法律规定,只能当石油供应中断发生或即将发生时或为了履行德国对国际社会的义务,才能动用储备。②动用程序。对包括公司储备和政府/机构组织储备的国家来说,这些国家根据石油危机发生的情况和本国的政策决定首先动用哪一种储备。例如,法国遇到国际性的实际供应中断时,先采取需求限制措施,然后才可以动用储备,但是,需要与欧盟或 IEA 共同协调,并且要求减少储备义务。遇到国内危机时,工业部可以要求 CPSSP 或 SAGESS 将其有关地区自有储备的一部分或全部向指定的石油经营者释放,但经营者需要担保在法国境内另一所储存站存入等当量的油品,并在 30 天之内将其动用的同样数量的油品存入原来的储存站(相当于交换)。美国则在与 IEA 成员国协调后,可以优先动用政府所属的战略石油储备(SPR)。

2. 矿产品战略储备制度

矿产品战略储备指针对那些对国家安全有战略意义,国内又相对急缺的战略或急缺矿产品所建立的储备。

20 世纪 30 年代一些国家建立了最初意义上的矿产品战略储备,主要是针对国防安全。到了 20 世纪 70 年代之后,许多国家又开始针对国家经济安全建立了矿产品战略储备。

前述战略石油储备,是矿产品战略储备制度的一个特例。之所以特别,是因为在整个矿产品战略储备中,石油所占比重(以储备成本计)一般在 80%~90%,其他所有固体的战略矿产,约占全部储备规模的 10%~20%。

目前世界上部分国家制订了矿产品战略储备制度,确定了矿产品储备种类、范围和目标,并制定了相关法规,确立了专门机构并配备一定人员。这些国家包括美国、日本、法国、德国、瑞典、瑞士、挪威、芬兰、英国、韩国(表 1-2)。

表 1-2 世界几个国家的矿产品战略储备制度一览表

国家	储备目的	制度建立时间	储备品种	储备目标	储备实况	储备机构	备注
美国	战略储备，供国家非常时期使用	1939年	25类80种（反指战略和关键物资储备，不包括战略石油储备和石油资源储备）	国家紧急时期可供3个月国内需要的量	1985年186亿美元；1997年54亿美元；1998年拥有41亿美元的战略储备	国家：国防部（自1988年始）	1992年冷战结束后，确定新储备目标，依据《战略重要物资储备法》
法国	经济安全保障储备，防备特定地区供应中断	1975年	铜、铅、锌、镍、铬、钨、钼、钛、汞等，据说约有30种，但是没有公布	按本国月平均消费量计，可供使用2个月的量	债务发行：1975年发行2.5亿法郎；1980~1981年发行16亿法郎；1982~1983年发行18亿法郎	国家：国家矿产储备管理委员会（对外贸易部、财政部）	储备政策属国家机密，内容未公开
德国	经济安全保障储备	未设立	铬、锰、钒、钴、蓝石棉	供本国消费一年（其中国家供8个月，民间流动库存供4个月）的量	不明	储备协会（计划由政府和民间共同创建）	由于政权更换，上述储备计划从1980年以来实际上处于搁置状态
芬兰	保障国家安全的储备，防备国家的非常情况	1958年	有色金属（铅、锰、钨）、铁合金、轧制金属产品、液态燃料等36种	国内消费1~2个月的量	不明	以国家为主体；国家危机供给厅	依据《国家战略储备法》
	保障经济安全的储备	1983年	矿产原料	未设	不明	以民间为主体，进口公司与政府签合同实施	
日本	保障经济安全储备，防备供给出现障碍	1983年	镍、铬、钨、钼、钴、锰、钒（不包括石油储备）	国内消费60日的量	1997年末已储备46.9日量（其中国家储备32.8日量，民间14.1日量）	国家和民间：金属矿业事业团；民间企业（由特殊金属储备协会汇总管理）	
	国家安全保障储备；防备战争时期供应中断	1938年	镍、铬、钴、铜、钨、锰、钒、钛、铌等金属	可供本国使用一年的量	1990年12月金属储备约7亿克朗	国家：国防部紧急准备厅	
瑞典	经济安全保障储备；防备和平时期出现供应障碍	1977年	铬、钒、钴、钼、钨、镍、铁、原油、石油产品、石油化工产品	可供本国使用2~3个月的量	1990年12月3500万克朗		1987年提出储备计划；1987年6月废除经济安全部管出（1991年全部售出）；1998年准备重新研究物资储备

续表

国家	储备目的	制度建立时间	储备品种	储备目标	储备实况	储备机构	备注
瑞士	国家安全保障储备；供国家非常时期使用	1938年	燃料、化学品等（包括铁、钢铁、有色金属等）、有色金属有铝、铜、铅、锌、镍、锡、钨等	按本国月平均消费量计，可供使用6个月的量	不明	经济部经防供应管理局	依据法令，国家经济供给联邦法
挪威	战略储备	1950年	铜、铅、镁等	不明	据说正在进行约3000万克朗的储备，当初计划是2亿克朗	国家和民间各储备一部分	
韩国	稳定供求和价格	1967年	有色金属、镁合金、原材料、设备材料等	不定	1996年3月约2500亿韩元	国家：经济规划院；供应厅	1985年开始稀有金属储备

资料来源：张新安，2002

（1）储备范围和储备目标。各国所储备的矿产品种类不一，但有一定程度的类似。各国所储备的矿产品的种类及目的、目标，随国际政治、经济、市场、技术等的变化而随时调整。

各国储备的目标都不尽相同，但储备目标一般均为几个月到一年。法国为两个月；英国、瑞士为半年；瑞典的国防安全储备目标一年，经济安全保障储备目标三个月；德国的目标是一年。具体储备目标是不断调整的，有的国家具有的储备数量是保密的（美国不保密）。储备目标调整需经国会批准。

（2）法律保证。大多数国家都通过法律保障矿产品储备制度的实施，如芬兰的《国家战略储备法》。

（3）储备主体。矿产品储备制度作为国家矿产政策的一部分，一般都有专门机构负责矿产品战略储备管理，如英国为贸工部，瑞士为经济部，瑞典为国防部经济保卫局，法国为国家矿产储备管理委员会等。

法国矿产品储备的主体是准政府机构——国家矿产储备管理委员会，其经费来源是政府拨款和以发行公用事业债券的信用贷款方式筹资，这样国家不用出资也可达到储备目的。瑞士通过低息贷款和各种优惠措施鼓励民间参与储备。挪威是在政府担保下企业用银行贷款进行储备，各种费用由政府偿还。

（4）储备的购进和抛售。储备的购进和销售一般均由法律规定。例如，瑞典规定：抛售时第一步面向企业，第二步面向市场，进一步持续发生供应障碍时则实行配给制。

四 国外矿产资源战略储备制度的总体特点

虽然各国之间存在着国情的差异，即发展阶段不同、经济基础不同、资源占有不同，但以上论述的国家的矿产资源战略储备制度，都有着共同的特点。

（一）明确矿产资源战略储备的法律地位

制定资源储备法是各国实施矿产资源储备制度的前提，也是实施矿产资源储备战略的重要保障。

国外的矿产资源储备立法主要有以下三种形式。

一是综合储备立法。这种立法例的主要特征是调整对象比较广泛，重要战略物资和关键物资都包括在内，矿产资源是其中一个重要的组成部分，如美国的《战略物资储备法》、《国防生产法》，瑞士的《国家经济供给联邦法》等。

二是行业储备立法。此种立法例的特征是国家制定的与矿产资源有关的行业、产业的法律中规定了矿产资源储备的内容，不同种类的矿产资源储备的法律规定也就分散于有关的行业和产业的法律之中。这种立法例的优势在于储备与产业相结合,便于实施和操作,如日本的《石油公团法》、《金属矿产事业团法》等。

三是战略矿产单独立法。这种立法例主要特征是根据对重要的战略矿产进行单独立法,制定专门的储备法律。例如,美国的《能源政策和保护法》、日本的民间《石油储备法》(1980年)和德国的《石油储备法》等。

需要指出的是,对一个国家来说,不一定只用一种立法例,而是三种立法例综合运用,共同构成矿产资源储备的法律体系。

(二) 政府储备与民间储备并存

战略性矿产资源储备主要有两种实现方式:一种是参照美国的方式,即由国家财政支持建立国家储备;另一种是按照日本的模式,即开始以民间储备作为储备的主体,逐步增加政府储备的比重,走政府与民间相结合的道路。战略储备是从国家安全角度考虑建立的储备,不同于为保证企业生产经营连续性、稳定性的商业储备。因此,从战略储备的重要性来看,大部分国家都是走以国家战略储备为主,国家储备与民间储备相结合的途径。瑞士和挪威等国家通过低息贷款、政府担保和其他优惠措施鼓励民间参与储备。值得一提的是,日本能走民间储备为主的道路,除了政府有一系列鼓励政策外,还在于有明确的法律规定。

(三) 稳定的储备经费来源

建立战略性矿产资源储备体系需要大量的资金。日本国家石油储备资金由政府通过征收石油税的方式予以保证,民间石油储备资金是由各企业将其纳入产品成本之中筹措。国家石油储备建设由政府出资,通过政府的特别法人——石油公团对国家石油储备基地建设进行投资。国家石油储备基地的资金由石油公团出资70%,另外30%由民间石油公司出资。建设投资一部分是政府通过预算直接拨款,其余部分由石油公团通过政府担保、发行政府担保债券(政府补助利息)和非公开债券等方式向金融机构贷款,然后无息贷款给国家石油储备公司。国家石油储备的石油收储资金,由石油公团通过政府担保、发行政府担保债券和非公开债券,以及承兑债券等方式,向金融机构贷款支付给国家石油储备公司,政府通过预算对贷款利息进行补助。国家石油储备的运营管理费用,全部由政府通过预算安排给石油公团,再由石油公团支付给国家石油储备公司。

(四) 权责分明的储备管理和运行机制

实施矿产资源战略储备的国家,大多由专门的机构负责储备的管理,并引入市场机制完善储备的运行,努力降低储备成本。

日本石油储备的管理在体制上形成了清晰的决策层、管理层和操作层,并通过法律文件明确规定各层次的职责,运行机制也相对完善。美国战略石油储备系统的运行管理方式是政府制订规划和政策，委托民间机构进行日常运行的管理。联邦战略石油储备办公室设在能源部华盛顿总部，由一位能源部部长助理主管，负责储备政策和规划；设在新奥尔良的项目管理办公室负责具体项目的实施、运行管理。石油战略储备办公室与民间公司签订管理和运行合同，由其负责站点的日常运行、维护和安全保护。

（五）赋予矿产资源储备以生态环保的内涵

国际上，矿产地战略储备的一个值得重视的发展趋势是将储备、储备管理与生态建设和环境保护有机结合起来。这样，一方面可为"国家非常时期之用保留下来重要的蕴藏有或可能蕴藏有关键或战略矿产的含矿土地"，另一方面又保护和提高了相应土地的"生态价值"。

第二节　储备的内涵及分类

一　战略性矿产资源的定义及分类

（一）战略性矿产资源的定义

结合我国资源特点和供需趋势分析，我国战略性矿产资源的定义是：对国民经济和国防安全至关重要的，由于受资源短缺或技术能力制约，国内供应不能满足的，或发生供应中断、市场震荡时会对重要产业和国防安全产生巨大影响的，以及对世界市场具有调控能力的矿产资源。

（二）战略性矿产资源的分类

依据战略性矿产资源的定义，我国战略性矿产资源大致可分为以下三类（陈其慎和王高尚，2007）。

第一类是短缺性矿产资源。这类资源包括铁、锰、铬、铜、铝等大宗矿产，以及钴、铂、铼、铪、铌等稀散元素矿产。前者的重要性主要表现在用量大，价值量大，用途广泛，产业关联度高；后者的重要性主要表现在其功能在国民经济和国防建设中的不可替代性。

第二类是技术制约性矿产资源。这类资源包括品质不佳、开发成本高、国际竞争力不强，以及加工技术不高而形成较高的对外依存度，如海绵钛、铍、锂、硫等矿产资源。

第三类是能够调控国际市场的优势矿产资源。这类资源产量占据了全球的绝对份额，其供应量直接决定着全球的市场形势，如稀土、钨、锡等。

战略性矿产资源的分类不是完全绝对的，存在三种情况：一是属于某一类战略资源；二是有些矿产资源的状况介于两类之间；三是随着勘查和开发利用技术的进步或者资源的消耗，战略资源的类属会发生动态变化。

二 储备的定义及分类

储备就是储存和备用。矿产资源储备是为保障经济社会的可持续发展，保证矿产资源的持续供应，应对国内外政治、经济和自然等突发事件，稳定矿产资源市场而进行的储存和备用。矿产资源储备具有较强的缓冲作用。通过调整储备规模，矿产资源储备具有保障需求、稳定市场和调整产业三种功能。按照不同的分类依据，储备主要有三种分类方法：根据储备主体的不同，分为国家储备和民间储备；根据储备目的的不同，分为战略储备、经济储备和商业储备；根据储备形式的不同，分为矿产地战略储备和矿产品储备。

（一）根据储备主体的不同，分为国家储备和民间储备

国家储备也叫政府储备，是国家根据需要而统一实施的储备，它是由国家财政预算安排而建立，由国家统一管理、调度和使用，任何单位和个人不得擅自动用。一般而言，国家储备的资源都是有关国计民生和国家安全的战略性资源。

民间储备是指由企业和消费者进行的储备，如企业为维持生产进行的原材料储备（库存）。其储备费用由储备者负担，其调度权和使用权属于储备者。

（二）根据储备的目的不同，分为战略储备、经济储备和商业储备

战略储备是从国家经济和国防安全的角度出发，为了应付政治、经济和自然等突发事件而进行的事关国计民生的战略性资源的国家储备。当今世界，一方面局部军事、政治、经济事件时有发生，一个国家很难预料是否会卷入战争之中或受到资源来源地、运输通道等的偶然事件造成的资源供应中断。另一方面，经济全球化使得资源的全球配置加强，弱化了国家的政治经济边界，全球产业或市场链条中任何一个环节出现问题，都可能影响到一个国家的资源安全，经济危害的连锁性明显增强。因此，必须做好各种准备，尤其是资源战略储备不可忽视。战略储备的内涵体现在以下四点。

（1）储备的主体是国家，由国家财政预算安排而建立，国家统一管理；

（2）储备的对象是战略性的，是有严格选择和限定的；

（3）储备提供的是国家安全品，是公益性的，而不是直接的经济品；

（4）储备量的大小与国家应对安全风险的决心和战略目标有关。

经济储备是为了保障国民经济经济持续、稳定、健康发展，防止资源供应中断而进行的储备。由于各种灾害、事故，以及市场震荡、禁运和有条件的输出等情况，随时都有可能引起资源短缺和不足，影响经济发展，因此就需要进行经济安全储备。

当今世界经济竞争成为国家竞争的主要手段，经济安全也成为国家安全的重要内容。战略储备的内涵远远超出传统的国防储备的范畴，并且与经济储备的目的和职能日益重叠。从这个意义上讲，以国家或政府为主体的经济储备可以在很大程度上并入国家战略储备的范畴。

商业储备也叫市场储备，是指企业或个人为保证生产的顺利进行，保障自身有序经营而建立的适度储备。有些企业和个人为了牟取暴利、垄断市场、囤货居奇，人为制造余缺而进行的某些资源储备也属于商业储备。与战略储备不同，商业储备的目的主要是直接的经济利益。因而依据市场情况，商业储备的主体和客体都可能发生很大变化。

（三）根据储备形式的不同，分为矿产地战略储备和矿产品储备

国内研究矿产资源储备的王玉平教授曾经提出矿产资源储备分为四种形式：矿产资源探明储量的储备，即只探不采；形成生产能力后的矿山产能储备；矿产品储备；矿产品加工产品——原材料的储备。综合考虑国内外社会经济政治态势、正常时期矿产品消费水平及非常时期对矿产品的特殊需求等因素，根据我国的国情和矿情，现阶段我国的矿产资源储备主要分为矿产地战略储备和矿产品储备两种形式。

研究认为，矿产资源储备有两种形式：矿产品储备和矿产地战略储备。石油储备因为储备对象的重要性和储备规模较大，被认为是一种独立的储备形式，但就其储备性质而言，只属于一种矿产品储备。

1. 矿产地战略储备的内涵

矿产地战略储备是后备矿产资源开发基地的一部分。后备矿产资源开发基地是指经过地质勘查划定蕴藏有或可能蕴藏有矿产资源的地区。这些地区一部分继续开展地质工作，直至开发利用；一部分则为了经济社会的可持续发展，应对未来需求，或当前开发技术不可行、开发不经济，为了尽可能地提高资源的利用效益，实现资源的合理配置而储备起来，作为战略保留基地，留待以后勘查、开发和利用。这种行为称之为矿产地战略储备，也称矿产地储备。矿产地储备的量取决于矿产资源储备的规模和结构。

2. 矿产地战略储备的特点

相对于矿产品储备来说，矿产地战略储备既有优点，也有缺点。矿产地战略储备成本低、储备安全。因为矿产地战略储备动用起来周期长，对短期的供应中断和价格变化的反应能力弱，所以矿产地战略储备主要是保障中长期需求

和经济社会的可持续发展。

矿产地战略储备的优点表现在：一是可以节省储备建设成本，便于管理；二是有利于矿产资源的储存，储备形式更加安全，在遇到人为和自然条件突变时，更能保证资源的安全存储；三是储备规模调节幅度大，依据国家长期发展的需要，矿产地储备的规模可以通过增储、轮换和梯次动用等方式实现储备规模的大幅变化；四是矿产地储备具有威慑作用，有利于增强在国际资源价格谈判中的话语权；五是提高资源的开发利用效益，当技术、经济条件具备时再行开发可以有效地减少资源浪费，同时也为技术进步赢得时间；六是矿产地战略储备可以成为国家宏观调控的重要手段之一，通过调节矿产资源的供应和需求，有效实现国家产业结构调整和经济增长方式转变，对经济社会的发展保障时效长，调整资源的代际分配，有利于矿产资源的可持续开发利用。

矿产地储备的缺点是应急能力差，动用起来周期长，对短期的供应中断和价格变化的反应能力弱。

矿产地储备的主体主要是政府，一般来说，矿产地战略储备的实现途径分为规划储备和矿业权储备。

矿产地战略储备的功能主要是保障国家中长期的经济安全和国家安全，实现可持续发展。发展离不开矿产资源，而矿产资源的稀缺性和不可再生性决定了资源的日趋枯竭。一方面，一个探明储量的矿产地要形成产能一般需要 3~5 年的周期；另一方面，矿产地储备更能实现资源的安全存储，储备规模调节幅度大。因而，矿产地储备的主要目的在于实现国家的可持续发展。

矿产地战略储备最典型的例子是美国的战略石油储备基地。美国在阿拉斯加北坡划出了大片含油土地作为国家石油储备地，只探不采。这是美国为了其长期的战略利益，把自己的资源储备起来，先去开发其他国家的资源。此外，玻利维亚、墨西哥及其他一些国家也曾将国土面积中的一部分作为矿产资源战略储备地区保留起来。

3. 矿产地战略储备目的

矿产地战略储备的保障时效长，其目的是保证国家资源安全，平衡资源代际分配，调控矿产资源开发利用，保障经济社会可持续发展。对于短缺资源，主要提高资源的开发利用效益，杜绝资源浪费，当技术、经济条件具备时再行开发可以有效地减少资源浪费，同时也为技术进步赢得时间，用低成本换取国外资源，缓解资源约束。对优势矿产来说，通过矿产地储备调控国际市场，争取定价权，实现资源优势向经济优势转化。储备规模调节幅度大，依据国家长期发展的需要，矿产地储备的规模可以通过增储、轮换和梯次动用等方式实现储备规模的大幅变化。矿产地战略储备就是通过调控资源配置和资源供应，保障国家安全和经济中长期可持续协调发展，具体包括以下几个方面。

(1) 实现资源收益代际分享，时空均衡配置；

(2) 与银根、地根一样可以作为宏观调控的手段，促进产业结构调整和增长方式转变；

(3) 减少浪费，保护环境，提高资源开发利用效益；

(4) 应对重大事件，增强话语权；

(5) 缓解短缺资源约束，把优势资源的资源优势转换为经济优势；

(6) 有利于矿产资源的储存，储备形式更加安全，在遇到人为和自然条件突变时，更能保证资源的安全存储。

4. 矿产地战略储备的分类及含义

矿产地战略储备按照储备手段的不同，分为规划储备和矿业权储备。规划储备是通过国家矿产资源规划及矿产地战略储备专项规划进行的储备；矿业权储备是通过回购、申请等方式由矿产地储备管理机构持有矿业权而进行的储备。按照矿产地资源赋存条件的不同，矿产地战略储备分为优质矿产地储备和资源禀赋条件差的矿产地储备。优质矿产地储备是将品位高、开发条件好的资源地储备起来。其目的一是为了保护优势资源，二是为了保证短缺资源具有一定的应急开发能力。资源禀赋条件差的矿产地储备是指将受到技术条件限制、开发成本高、国际竞争力不强或者一些压覆矿产地储备起来。其目的主要是减少资源浪费、增强资源对经济社会发展的长期保障能力。按照储量规模的不同分为大型、中型和小型矿产地储备。按照地质勘查程度的不同，分为储量储备和远景资源储备。储量储备是对经过详查阶段以上地质工作形成储量的矿产地进行的储备；远景资源储备是对未形成储量的矿产地先进行储备，然后再组织后续地质工作。实现科学的矿产地储备要综合考虑各种储备形式的特点，取长补短，组合成梯次匹配的动态储备结构，形成各种矿产地储备形式的合理搭配。

5. 储备的基本原则

我国矿产资源战略储备的基本原则是：保障优先、量力而行、合理布局、统筹兼顾、适度超前。

(1) 保障优先是指矿产资源储备必须紧紧围绕保障国家经济持续健康发展而进行的储备。根据当前矿产资源消耗量，结合国家经济社会发展预期，分析未来一定时期矿产资源需求量，然后制订出为保障国家经济社会正常稳定发展、在一段时期所需要的资源量为矿产资源战略性储备的目标。

(2) 量力而行是指在保障优先前提下，要结合国力、国情、资源特点和现阶段矿产资源储备的基本条件，吸收国外矿产资源储备的先进经验，因地制宜地制订储备目标、储备方案和管理措施。美国储备模式需要强大的资金支持，日本模式需要有配套的鼓励政策和明确的法律规定，现阶段我国还都不具备。因此，必须分析国际、国内经济社会发展状况、矿产资源储量及质量、矿产资源分布及不均衡性、矿产资源市场供需状况及趋势，制订切实、可操作性强的储备方案。

（3）合理布局是指矿产资源储备的布局不仅要考虑国家的产业布局、产业规划，还要考虑地方的产业规划和经济发展的支柱产业；不仅要考虑国家和地方经济的发展，还要充分考虑社会环境、生态环境的友好；不仅要考虑目前我国不同地区经济社会发展的不平衡性，还要考虑我国总体上的经济社会发展的战略布局。根据国内矿产资源的实际分布状况、产业布局特点、主要矿种的主要消费地，以及冶炼加工企业的分布状况，按照方便储备、加工、利用的原则，将矿产资源储备布局纳入国家和地方经济社会发展的大背景下，动态设立和划定储备功能区，努力使储备和释放储备简单化、低成本化，实现储备布局与社会就业、缩小地区差异、平衡发展的和谐。

（4）统筹兼顾是指既要保护矿产资源，保障经济社会的可持续发展，又要实行有计划地合理开发，满足现阶段经济健康运行和社会就业；既要储备经济发展所需要的大宗资源，又要储备国家安全所需要的战备资源；既要实现储备目标，也要兼顾地方利益；既要储备优质矿产地，又要储备资源禀赋条件差的矿产地；既要储备探明资源储量的矿产地，又要储备具有远景资源的矿产地。实现不同层次、不同区域和不同勘查程度，梯次动态匹配的矿产资源战略储备组合结构。

（5）适度超前是充分考虑我国经济社会发展情况，对未来我国及世界矿产资源需求市场做出恰当研判，科学制订我国矿产资源储备的规划。首先要进行矿产资源储备立法工作，储备立法要与《矿产资源管理法》和《地质勘查条例》相衔接；其次要明确矿产资源的储备种类及目标，然后制订相应的一套储备制度和长期的管理体制，在考虑长远目标与近期目标相结合基础上，进行矿产资源战略性储备。

6. 矿产品储备的内涵

矿产品储备是指已经开采出的矿产原料或冶炼加工成品、半成品的储备。矿产品储备是资源储备的最传统、最主要、最直接的形式。例如，世界上绝大多数国家的石油储备的对象大多为原油，就属未加工的矿产原料储备。而成品油的储备则可归为稍加工的矿产品储备。两者均属广义的矿产品储备。

7. 矿产品储备的特点

矿产品储备包含产品储备和原料储备。矿产品储备成本较高，运营管理较为复杂。但因其可以快速投放市场保证及时供应，所以矿产品储备主要是为了应对中短期供应中断，平抑价格的不稳定因素，保障当期经济社会的平稳发展。

矿产品储备的优点是便于操作，能够及时供应，应急能力比较好。具体表现在以下几个方面。一是应急能力较强。矿产品储备的储备对象是已经开采出的原料或冶炼加工完的成品、半成品，在市场出现供应中断或者价格出现飙升时，可以迅速投放市场，平抑价格，缓解供应紧张局势。二是灵活性较高。储备矿种、储备规模、增储渠道不受资源地制约，可以根据国际、国内两个市场的变化，灵活确定储备方案。三是可以实现政府、企业、民间的多元主体储备。四是储备形式多样化。矿产品的储备可以采用现货、期货或者现货、期货相结合的形式储备。

相对于矿产地储备，矿产品储备的缺点是储备成本高，运营管理较为复杂，耗费大量人力物力，储备规模小，安全性较差，保障周期较短。

矿产品储备的功能：因为矿产品储备可以快速投放市场，保证及时供应，所以矿产品储备的功能主要是为了保障中短期供应中断，平抑价格的过度波动，稳定市场，保障当期经济社会的平稳发展。

矿产品储备主体可以由政府、公共机构和企业共同投资。吸储的形式可以是现货，也可以是期货。期货储备，具有高效率、低成本、迅速对供需变化做出反应的优点，可以节省储存成本和运营管理成本。但可控性较差，一是期货到期时点不一定是国家紧急需要时点，二是当突发事件发生时，不能保证货物正常交货或运输。现货储备可以弥补期货储备的缺点，但储备成本可能要高于期货储备。所以，在矿产品储备时要综合考虑这两种形式，进行组合储备。

现阶段，我国矿产品储备和矿产地战略储备规模的合理组合还需要慎重权衡。我国处于工业化发展中期，需要消耗大量资源，从这个意义上说，应该更多储备应急能力强的矿产品。但同时，我国属于发展中国家，人均GDP还较低，国力还不够强大，需要可持续发展的资源保障，从这个层面上讲，储备成本低的矿产地储备又显得更为迫切。所以，应该权衡设定矿产品储备和矿产地储备的规模结构。但是，矿产品储备在我国早已开展，包括了国家储备和商业储备，而作为储备重要方式之一的矿产地储备在我国还属空白，为了保障经济社会的可持续发展，结合国力，现阶段加快推进矿产地储备显得尤为紧迫。

第三节 矿产地战略储备面临的形势

一 重要矿产资源供需形势

过去，在分析资源形势时，专家们一般选取45种矿产资源作为研究对象，这是一种惯例，也是为了便于国际对比。

中国是矿产品净进口国，矿产品产销量同国内需求密切相关，同出口需求相关性不强。虽然不同年份全国矿产品总的销售额和利润总额变化较大,但一些主要产品销售额和利润总额的占比相对稳定。如果供给出现问题,对社会经济生活有可能发生重大影响的,主要是15种能源、基本金属和重要金属。因此选取这些资源产品作为研究对象。

我国矿产资源总的特点是"大宗不大,稀有不稀",即传统工业化需要的石油、铁、铜、铝等大宗矿产相对短缺,而新兴能源、电子工业和材料工业需要的钽、稀土、镓等"三稀"金属矿产相对丰富,其中稀土储量非常丰富,在世界上占据绝对优势。受资源禀赋制约及工业化进程对资源消费的推进,多数矿产品产量大幅上升,消费量居世界前列。我国大宗矿产资源短缺已从个别矿种向全面短缺推进,供需矛盾不断加剧,对外依存度居高不下。即便是传统的优势矿产,目前大多也面临资源保障能力退化及出口过量等问题,对我国经济运行的资源成本和经济安全带来严峻挑战。

(一)能源矿产

在政府应对国际金融危机一揽子方案的作用下,我国能源行业虽然实现了稳步发展,但是供不应求趋势并未扭转。2009年我国一次能源生产总量为28.0亿吨标准煤,消费总量为31.0亿吨标准煤,净进口3.0亿吨标准煤,能源对外依存度9.7%。从结构上看,煤炭在我国能源消费中仍然畸高,占消费总量的69.6%(图1-1)。

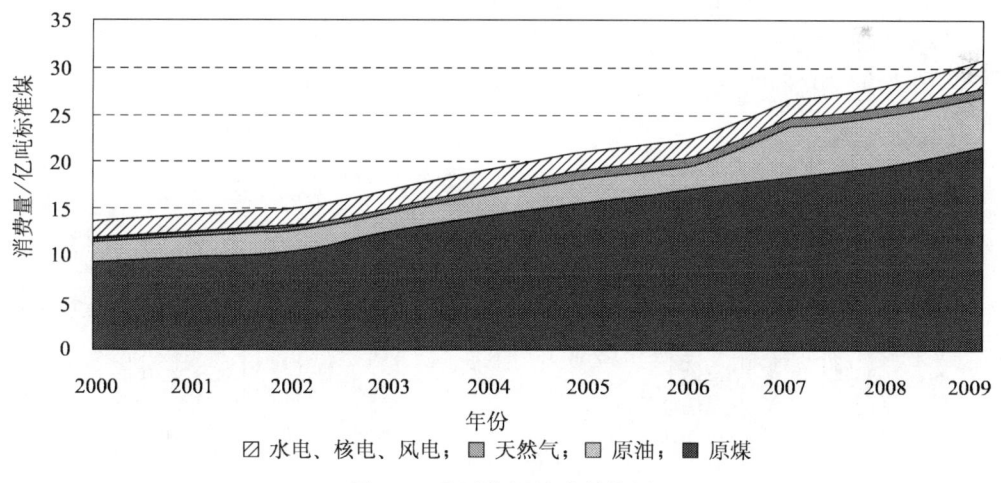

图1-1 我国能源消费结构图

1. 石油

我国原油资源形势严峻,供需矛盾日益凸显。我国的剩余探明可采储量为27.9亿吨,原油产量为1.89亿吨,储采比约为15年。2009年我国石油表观消费量 4.1 亿吨，仅次于美国，约占世界消费总量的 9.7%，原油净进口 1.99 亿吨，对外依存度达到 53.6%（图 1-2）。我国原油的进口国主要是沙特、安哥拉、伊朗、阿曼、俄罗斯和苏丹，六国合计占进口总量的近 70%。其中，安哥拉、阿曼和苏丹三个国家石油资源有限，基本达到了我国从其进口石油的极限。可以看出，我国石油进口安全主要面临的问题是进口主要来源国资源潜力不大、合作空间有限。

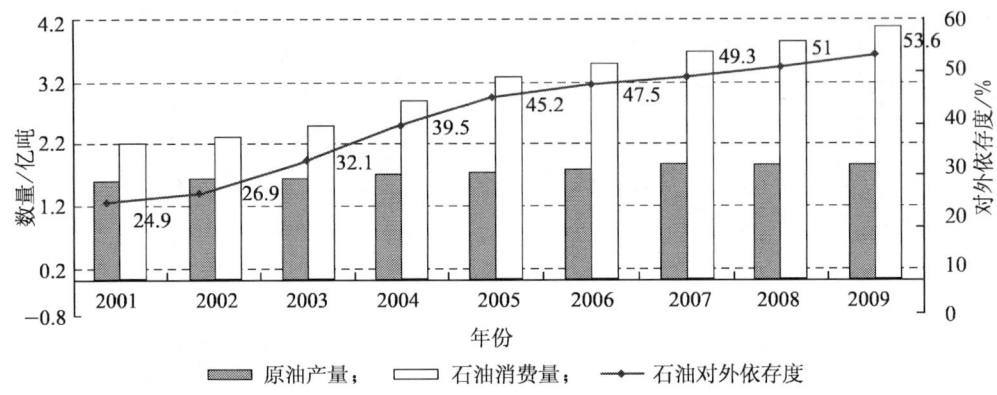

图 1-2　2001～2009 年我国原油生产与石油消费情况

2. 煤炭

据国家统计局公报，2009 年我国原煤产量达到 29.6 亿吨，同比增长 12.7%。加上净进口的部分，全年煤炭表观消费量 30.63 亿吨，减去库存，实际消费量 30.2 亿吨（图 1-3）。全社会用电超过 3.6 亿千瓦时，增长接近 6%。

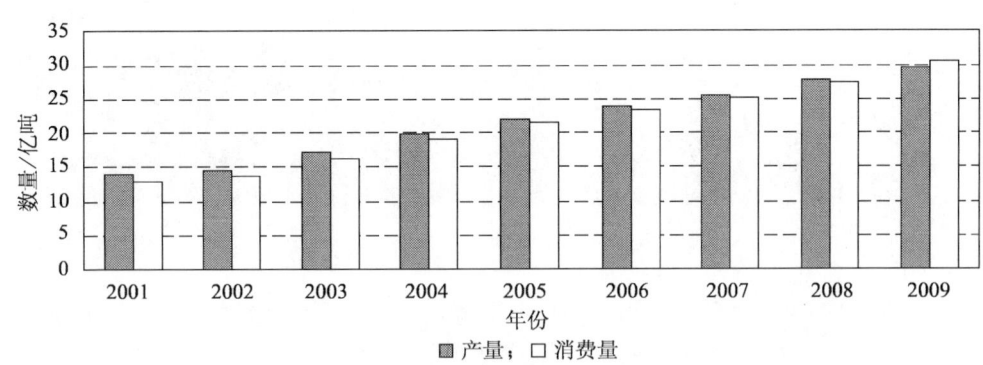

图 1-3　2001～2009 年我国煤炭生产与消费情况

3. 天然气

进入 21 世纪以来，我国天然气市场进入大规模发展阶段。随着我国天然气输气管道网络的不断完善，天然气的生产与消费均取得了很大的进展，天然气消费量以每年两位数的速度增长。继 2008 年成为天然气净进口国之后，2009 年我国天然气供应持续紧张，存在一定的供需差距。2009 年，全国天然气产量 829.9 亿立方米，消费量 874.5 亿立方米，仅占世界消费总量的 2.9%，净进口各类石油气及其他烃类气等 44.6 亿立方米，对外依存度为 5.1%（图 1-4）。

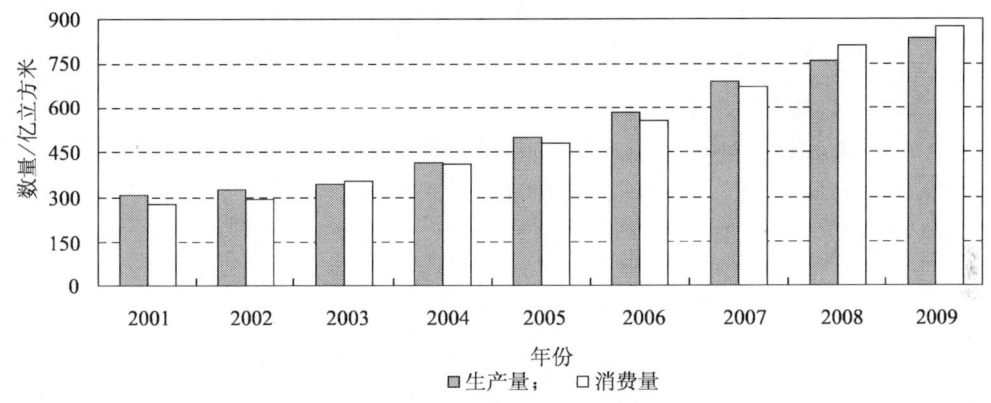

图 1-4　2001~2009 年我国天然气生产与消费情况

（二）短缺矿产

我国短缺矿产的突出问题集中表现为：一方面，大部分矿产的资源储量呈下降趋势，保障能力退化；另一方面，国内需求规模持续增长，供应压力不断增大，使得对外依赖严重，形势非常严峻。

1. 资源储量呈减少趋势，保障乏力

从统计资料看，21 世纪以来，我国铁、铜、铅、锌、金等大部分矿产的储量总体呈持续下降趋势，在不考虑采矿损失的情况下，静态供应保障能力主要集中在 4~15 年。部分矿种的静态保障能力虽然相对较长，但是这些资源用量较大，国内开发规模相对需求又偏低，况且我国铁、铜、铝资源以低品位矿居多，开发利用经济性能不是很好，如果外界供应受到影响而需要提高国内供应比例，它们的保障能力还将减弱（表 1-3）。

表 1-3　2001~2009 年我国大宗矿产储量变化情况表

矿种	单位	2001 年	2003 年	2006 年	2008 年	2009 年	保障能力/年
铁矿	亿吨	121	116	110	102	93	12
铬铁矿	万吨	252	223	218	198	122.4	6
铜矿	万吨	1 942	1 787	1 754	1 457	1 461	15

续表

矿种	单位	2001年	2003年	2006年	2008年	2009年	保障能力/年
铝土矿	亿吨	5.1	5.3	5.4	5.3	5.1	21.4
铅矿	万吨	712	805	792	716	642.5	4.7
锌矿	万吨	2 382	2 513	2 510	2 345	1 922.9	6.2
金矿	吨	1 385	1 354	1 262	1 039	1 015.3	3.2
钾盐	万吨（KCl）	8 692	13 403	13 093	14 804	14 340	25

资料来源：《全国矿产资源储量通报》（2001～2009年）

2. 资源需求无序扩张，供需矛盾突出

进入21世纪以来，我国工业化、城市化进程加快，加之我国部分资源的粗放开发、低效利用及技术创新不足等方面因素的影响，大宗固体矿产资源需求强劲。2000～2009年，铁矿石需求量增加了4.8倍，铜增加了2.9倍，铝增加了3.1倍，受需求拉动，产量急剧扩张。2000～2009年铁矿石、铜矿和氧化铝产量分别增长了2.6倍、3倍和4倍。大宗矿产储量增速趋缓或略有下降，保障能力不足，呈现储量增长赶不上产量增长、产量增长赶不上需求增长的态势。2009年，我国铁矿石产量8.8亿吨，占世界总产量的40%，对外依存度达64%；精炼铜消费量达710万吨，占世界总消费量的39%，铜的对外依存度达75%；原铝消费量达1240万吨，占世界消费总量的34%，铝的对外依存度达61%；镍的对外依存度达56%（表1-4）。

表1-4 我国大宗固体矿产产量、消费量情况表

矿种		2000年	2005年	2006年	2007年	2008年	2009年
铁矿石/百万吨	原矿产量	22 400	42 049	59 711	70 900	82 700	88 000
	成品矿消费量	17 518	47 286	60 270	74 809	80 965	100 514
锰矿/万吨	原矿产量	264	1 200	1 300	1 400	1 450	1 310
	成品矿消费量	354.3	889	1 100.8	1 183	1 295.3	1 515
铬铁矿/万吨	产量	20.8	19.99	21.86	28.15	20	20
	表观消费量	132.1	322.07	453.96	637.15	704	695.6
精炼铜/百万吨	产量	1.4	2.6	3.0	3.5	3.8	4.1
	表观消费量	1.9	3.6	3.6	4.8	5.1	7.1
原铝/百万吨	产量	2.7	7.8	9.3	12.5	13.1	12.8
	表观消费量	3.4	7.1	8.6	12.3	12.4	12.4
精炼铅/千吨	产量	1 119	2 391	2 714	2 788	3 451	3 707
	表观消费量	660	1 973	2 221	2 573	3 456	3 859
锌锭/千吨	产量	1 957	2 776	3 162	3 742	4 042	4 356
	表观消费量	1 402	2 989	3 155	3 592	4 145	4 888
镍/千吨	产量	50	95	131	219	170	246
	表观消费量	57	194	234	327	305	541
钾盐/万吨	产量	72	232.7	208.9	249.6	277.5	362.8
	表观消费量	422.3	791.3	644.7	852.15	805.4	543

资料来源：《全国主要矿产品产供销综合统计与价格通报》（2009年）

3. 境外资源来源地集中，运输通道单一，潜在风险大

我国境外矿产来源地集中（表1-5）。例如，来自澳大利亚、巴西、印度三个国家的铁矿石进口量占铁矿进口总量的80%以上，其中澳大利亚就占40%多；铜进口量60%以上来自智利、秘鲁、澳大利亚；锰、铬等矿产也有类似的问题。如果上述矿产资源主要供应国之中的任何一个，无论是什么原因造成对我国的供应中断，都会对我国的经济运行造成严重的后果。

表1-5 2009年我国大宗短缺矿产品进口量及进口来源（单位：万吨）

矿产品	进口量	进口来源及比例
原油	20 379	中东、非洲和前苏联地区。其中，来自中东的石油所占比例高达47.8%。
铁矿砂及精矿	62 278	澳大利亚（占进口总量的41.7%）、巴西（占22.6%）和印度（占17.1%）。
锰矿砂及精矿	961.8	澳大利亚（占进口总量的30.6%）、南非（占23.8%）、加蓬（占10.2%）和巴西（占9.1%）
铬矿砂及精矿	676	南非（占进口总量的38.9%）、土耳其（占19.0%）、阿曼（占7.1%）和印度（占6.1%）
铜矿砂及精矿	613	智利（占进口总量的22.5%）、秘鲁（占15.9%）和澳大利亚（占11.5%）

4. 矿产品价格高位运营，资源代价不断增大

近年来由于受世界矿产品市场垄断、我国资源需求拉动和国内企业境外购矿无序竞争等多因素的影响，国际市场矿产品价格大幅度上扬，资源代价不断增大。以铁矿石为例，尽管经历2008年下半年价格的急剧下滑，但是2009年至今都表现出企稳回升的态势，2009年8月天津港63.5%的印度粉矿价基本维持在820元/吨。

（三）传统优势矿产

钨、锑及稀土是我国的传统优势矿产，但是因长期过量开采与出口，导致钨、锑资源优势已基本丧失，迫切需要采取更有力的措施来切实实行保护性开采。

1. 钨

钨是我国传统的优势矿产，2001~2009年已经连续九年实行总量开采控制，但是每年的实际产出量均超出总量控制指标。2009年，全国钨精矿产量（折$WO_3 65\%$）9.9万吨，超控制指标3.8万吨（图1-5）。

长期以来，我国的钨产品都是供应过剩，历史上还曾出现过低价竞销的情况，严重阻碍了资源优势向经济优势转化。为此，对低级钨产品的出口，国家总体上实行控制性的政策，并且取得了一定的效果。2009年，钨产品出口量1.5万吨，比上年大幅减少40.7%。

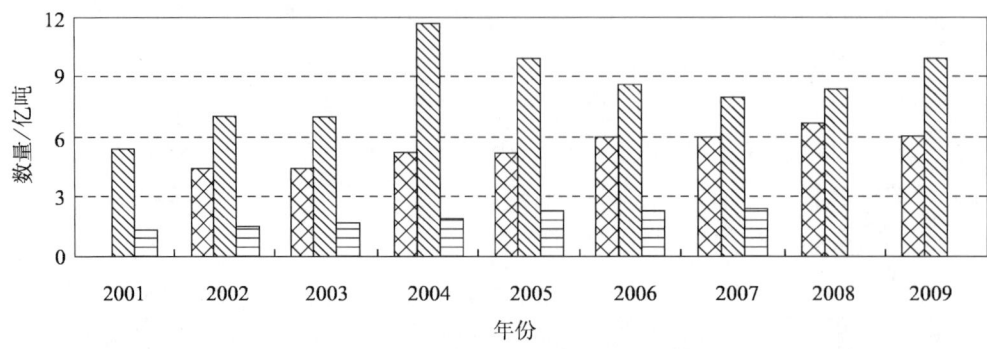

图 1-5　2001~2009 年我国钨精矿生产与消费情况

2. 锑

锑虽然是我国传统的优势矿产,但是近几年资源储量已不乐观,锑精矿金属产量相对前些年有所回落。2009 年,全国锑精矿金属产量 9.6 万吨,与 2005 年和 2006 年相比,产量基本回落了 40%。同年我国精炼锑产量 16.6 万吨,比上年增长 13.7% (图 1-6),表观消费量 12.5 万吨,比上年增长 40.4%;净出口锑冶炼产品 4.1 万吨,比上年减少 34.9%。

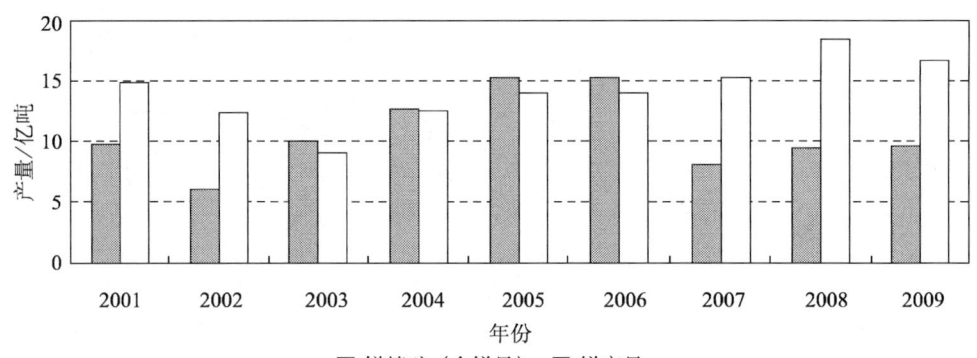

图 1-6　2001~2009 年我国锑精矿生产情况

3. 稀土

稀土是我国的优势矿产,为了保护这一优势资源,国家相继采取了一系列调控措施,严格控制开采及出口总量,并取得了比较明显的效果。2009 年稀土矿产品产量 12.9 万吨(以 REO 计,下同),比上年增长 3.9%;稀土冶炼分离产品产量 12.7 万吨,减少 5.4%。尽管如此,与消费量相比,稀土的生产仍供应过剩,只是过剩的幅度在相对减少。全年稀土消费量 7.3 万吨,出口 3.6 万吨,分别增长 7.9% 和 16.7% (图 1-7)。

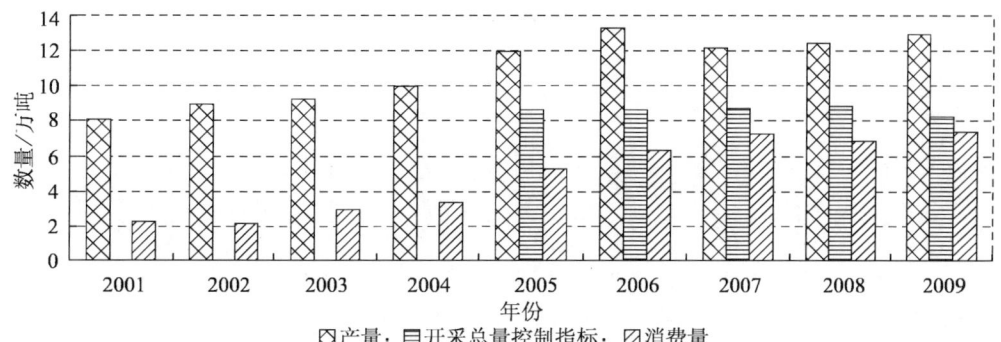

图 1-7　2001～2009 年我国稀土（REO）生产与消费情况

（四）非金属矿产

我国是非金属矿产资源大国，不仅矿产种类繁多，有的矿产品产量还在世界占有重要地位。磷、硫及钾肥等是常见的资源型非金属矿产品。从近些年的情况来看，我国磷和水泥的供应都非常充裕，只有钾盐供应长期严重不足（表1-6）。

表 1-6　2009 年我国主要非金属矿产品产量

矿产品名称	单位	产量 2008 年	产量 2009 年	增长率（±%）	净进口	表观消费量
硫铁矿，折标量（折 S 35%）	万吨	1278.0	1248.0	-2.4	24.5	1272.5
磷矿，折标量（折 P_2O_5 30%）	万吨	5268.8	6020.9	14.3	-37.8	5983.1
氮肥（折含 N 100%）	万吨	4263.2	4863.7	14.1	-459.4	4404.3
磷肥（折含 P_2O_5 100%）	万吨	1214.1	1479.7	21.9	-118.8	1360.9
钾肥（折含 K_2O 100%）	万吨	291.2	362.8	24.6	180.2	543.0
氮磷钾复合肥	万吨	1458.7	1911.6	31.0	-94.1	1097.5
水泥	亿吨	14.0	16.5	16.1	-0.15	16.4

1. 水泥

我国水泥生产与消费总体都在不断增长，到 2009 年水泥产量达到 16.5 亿吨，比上年增长 16.1%；表观消费量 16.4 亿吨，增长 19.7%。另外，随着控制"两高一资"产品出口政策的实施，2007～2009 年水泥及熟料出口呈持续下降态势，受世界金融危机的影响，2009 年水泥及水泥熟料出口 1561 万吨，减少 40%，是 2005 年以来出口量最低及下降幅度最大的一年。国内市场供需总体上基本平衡（图 1-8）。

2009 年全国水泥产业结构调整取得新进展。水泥生产新型干法比例历史性地突破 70% 的关口；全国关停水泥熟料生产能力 9421 万吨，关停水泥生产能力

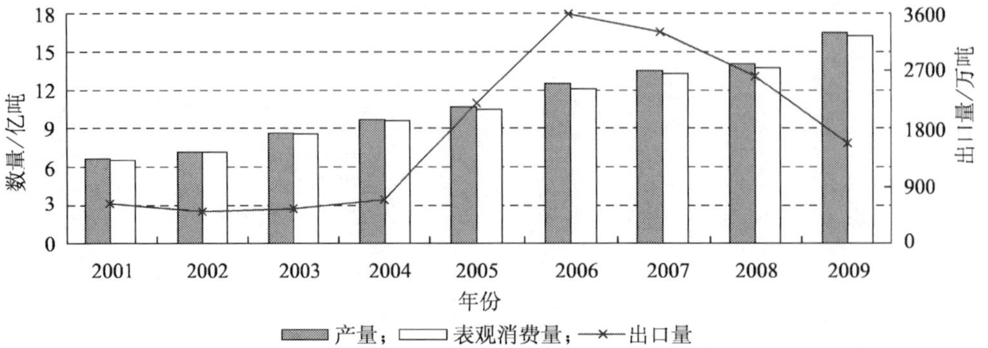

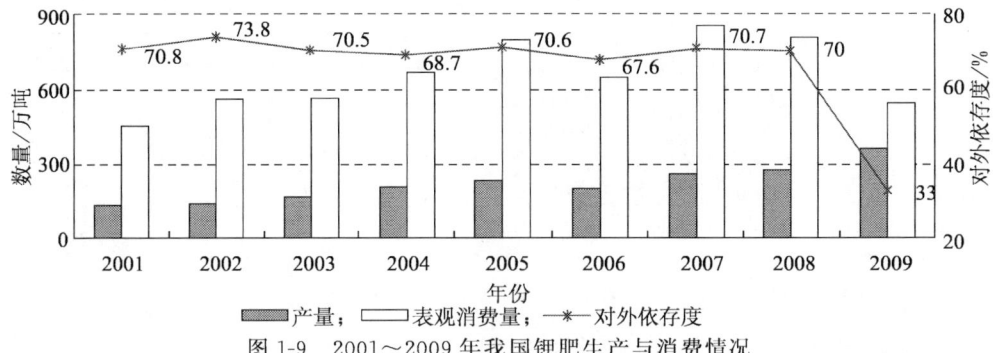

图 1-8 2001~2009 年我国水泥生产、消费及出口情况

7173万吨；水泥产业集中度比上年提高7.6个百分点，出现了水泥产量超过1亿吨的大型水泥企业集团。2009年末全国水泥熟料产能13.88亿吨，水泥产能22.69亿吨，比上年增加1.94亿吨。

2. 肥料

我国是农业大国，近几年随着经济快速发展，对肥料需求增长比较快。2009年我国肥料产量6706万吨，比上年增长16.3%。其中，钾肥产量362.8万吨（折含K_2O 100%），增长24.6%；表观消费量543万吨，减少32.6%。近两年国际市场的超高价位导致进口在2008年大幅减少44%的情况下，2009年钾肥净进口180.2万吨，再一次大幅减少65.8%，从而出现对外依存度仅为33%的非正常情况（图1-9）。

图 1-9 2001~2009 年我国钾肥生产与消费情况

我国磷矿资源比较丰富，2009年磷肥产量1479.7万吨，比上年增长22%；表观消费量1361万吨，增长17.5%；净出口磷肥118.8万吨。另外，氮磷钾复合肥产量1911.6万吨，增长31%，净出口复合肥94.1万吨；表观消费量为1097.5万吨。

二 矿产地战略储备的资源现状及潜力[①]

我国地域辽阔，地处环太平洋、古亚洲和特提斯三大成矿域交汇处，成矿条件十分有利。据最新一轮全国矿产资源潜力评价（2007~2010年）结果显示，我国总体矿产勘查工作程度较低，资源探明程度也较低，油气、煤炭等能源有较大找矿潜力，非能源重要矿产在全国重要成矿区带成矿条件良好。

（一）找矿勘探潜力巨大

我国已知矿床（山）深部及外围和新区找矿具备很大资源潜力。截至2008年年底，石油资源探明程度为37.8%，天然气资源探明程度为22.4%，煤炭资源探明程度为24.9%，油页岩、油砂和煤层气资源探明程度都不足10%，稀土、镍矿、锡矿等资源勘探程度较高（＞50%），磷、铅锌、铜、铁、钨、铝土矿资源探明程度较低（＜40%），只要持续加大地质矿产勘查力度，能够实现找矿突破（图1-10）。

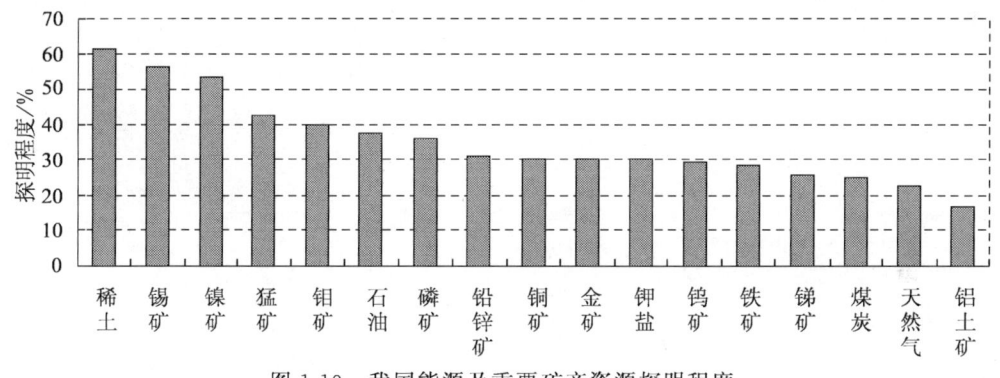

图1-10 我国能源及重要矿产资源探明程度

注：探明程度＝累计查明资源储量/（累计查明资源储量＋预测未查明资源总量）

（二）资源储量潜力巨大，具有提高保障程度的有利条件

2002~2009年，我国地质找矿勘查投资快速增长，新一轮矿业周期效果开始显现，并新发现了相当规模的大中型矿床及矿产地（图1-11）。能源及大部分固体矿产保有资源储量年均增速保持在1%~4%，总体呈缓慢上升趋势。随着勘查深入和技术进步，这些保有资源储量将会逐渐升级为基础储量或储量（图1-12）。

---

① 参见中国国土资源经济研究院2010年发布的《矿政管理总体思路研究》。

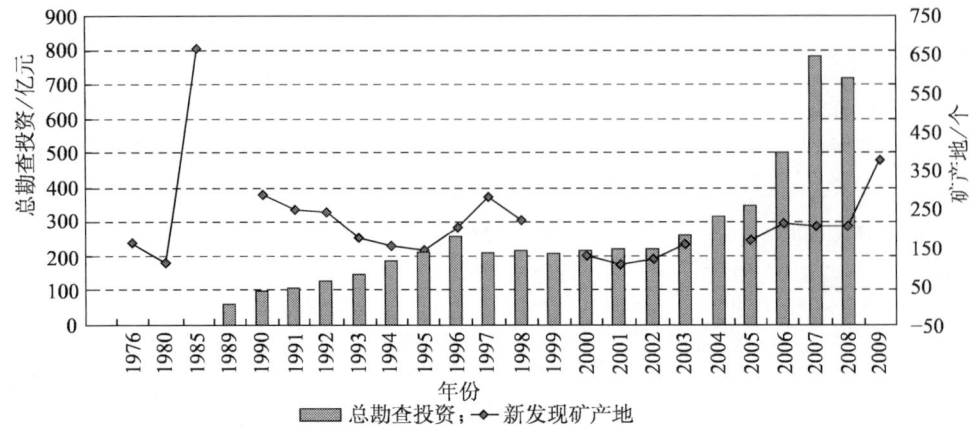

图 1-11 自 1976 年以来我国地质勘查投资和新发现大中型矿产地个数

注：2000 年之前为新发现矿产地个数，2000 年之后为新发现大中型矿产地个数

(a) 煤

(b) 天然气

(c) 石油

(d) 铁

(e) 锰

(f) 铜

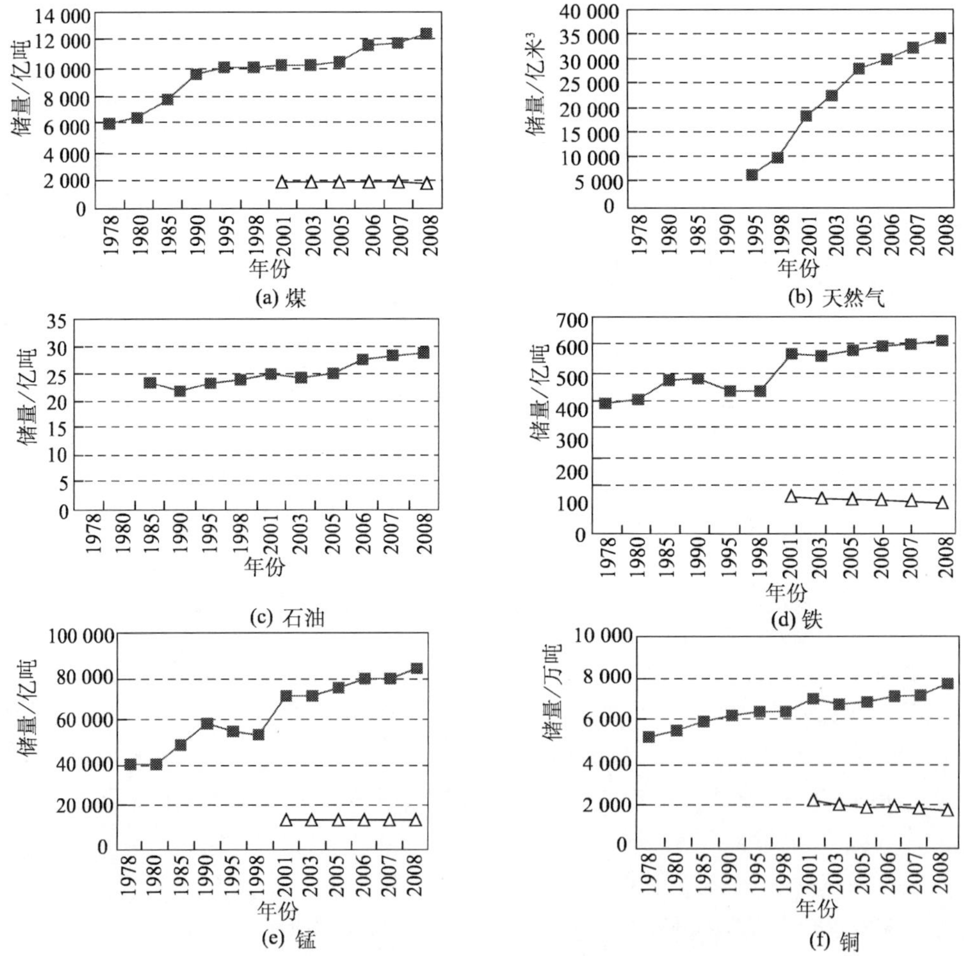

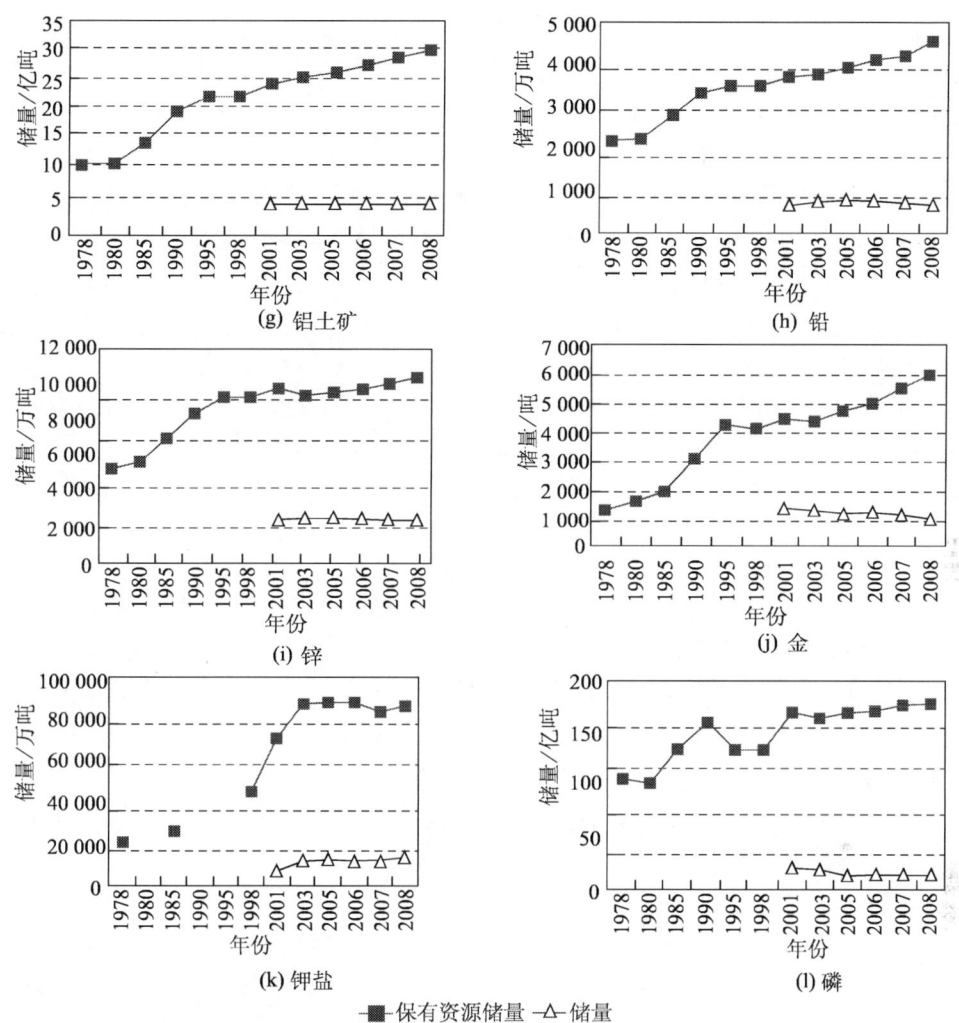

图 1-12　1978~2008 年我国主要大宗矿产保有资源储量变化趋势

(三) 矿产资源保障程度基本结论

1. 矿产资源是人类生存和发展的重要物质基础，也是社会经济可持续发展的基本条件

世界主要大国经济发展历史表明，能源、原材料消耗强度（每万元 GDP 的能源、原材料消耗量）在人均 GDP 达到 2000~4000 美元之前，随人均 GDP 增长而增长，在人均 GDP 达到 2000~4000 美元之后才逐渐下降，而人均能耗则是随着人均 GDP 的增长在不断增长。这一规律性的关系，把矿产资源的开发利用和保护摆在了立国之基、强国之本的重要战略地位。我国是一个矿产资源大

国、矿业生产大国，又是一个矿产资源相对不足，资源竞争力相对不高的矿产品消费大国和进出口大国。矿产资源供应面临着经济社会发展、人口增长和环境保护的多重压力。目前我国正处于工业化加速时期，未来20年内对资源的需求将不断加大，未来的资源供需形势将持续严峻。因此，不断提高矿产资源的可供性，加强矿产资源对可持续发展的保障能力，是一项重要的战略任务。

2. 中国的国情和矿情决定了经济发展仍将高度依赖矿产资源

我国是一个幅员辽阔、人口众多的发展中大国。中国的国情和矿情决定了我国经济发展，仍将以国内矿产资源为主，必须贯彻"立足国内，放眼全球，充分利用两种资源、两个市场"的战略方针。我国地处太平洋成矿带东岸，具有丰富的成矿开采的地质条件，形成了多种多样的总量大、品种齐全的矿产。预测表明，未来20年内，我国大多数矿产的可供能力可以满足今后经济技术发展的需求。45种矿产绝大多数可以满足。对国外有不同程度的依赖及关系国民经济发展的矿产是石油、铁、锰、铬、铜、铝、锌、钾盐等，其中铜、铝、铅、锌的部分终端消费不在国内。这些矿产国内资源均有一定的可供性，即使发生国际突发事件，仍有一定的保障能力。针对国内终端消费，资源性短缺的矿产有石油、富铁、富铜、优质锰、优质铝、铬、钴、锶、铂族金属、钾盐、金刚石等。通过加强勘查、发展矿业挖掘潜力，特别是充分利用国外资源，用对矿产资源翻一番的消费，保障国民经济翻两番目标的实现，进而实现经济社会资源环境可持续发展是完全有可能的。

3. 资源供需的严峻问题仍需引起我们高度重视

我国矿产资源虽然总量大而且品种齐全，但资源供需的严峻问题仍需引起我们高度重视。

我国矿产资源虽然总量丰富，种类齐全，但我国人口占世界的21%，大宗和战略性矿产已探明储量与之极不匹配，人均占有量仅为世界人均占有量的58%，处于第53位，矿产资源严重不足，资源需求量大，保障程度低，对外依存度全面攀升。我国矿产资源供需主要有以下问题。

一是部分大宗支柱性矿产短缺，始终是资源供需的"软肋"。预测表明，部分大宗支柱性矿产的保障能力不容乐观，矿产资源对国民经济发展的制约性矛盾加剧。石油可供储量缺口进一步扩大已成定局，大量进口石油面临的不仅是资源和经济问题，而且将影响世界政治、军事、外交格局。煤炭资源虽然丰富，但资源利用率不高，浪费现象严重，可供储量耗竭过快，尚未利用矿区的勘查程度偏低，可供建设的新矿井、矿区不足。可供储量短缺的大宗金属、非金属矿产的资源储量增长缓慢，与需求的快速增长反差明显。

二是许多优势矿产的优势正在减弱，以至有丧失的危险。优势矿产的可供储量锐减，优势矿产对外出口经常发生无序竞争，出口价格偏低，未能获得应有的经济效益。

据中国地质科学院预测，我国45种主要矿产的现有储量到2020年能保证需要的仅有 6 种,铁、锰、铝、铜、铅、锌、镍等主要金属原料将全面短缺,就连我国传统的优势矿产锡、锑等也将进入短缺的行列。经济发展的资源制约和风险是我国面临的长期问题。没有完善的储备缓冲体系,建立在如此庞大境外资源进口之上的国民经济,其风险可想而知。

三是世界矿产资源丰富,对我国具有一定的可供性,但尚未形成满足我国经济快速发展的稳定供给格局。我国短缺和严重短缺的矿产,在世界其他国家均有丰富的资源储备,在今后几十年内不会出现全球性的资源危机。"二战"之后至今的半个多世纪,世界矿产品消费量呈几倍甚至几十倍的增长,矿产资源不仅没有枯竭,除石油之外的矿产品的同比价格总体上反而下降,这主要缘于科技水平迅速提高,找矿勘查和矿业生产的技术获得巨大的进步,矿产品的生产成本总体下降。但是,目前世界上矿业生产能力和供应格局主要适应于美国、日本、西欧等发达国家和地区经济发展的需要。中国、印度、巴西等经济快速发展国家对矿产资源不断增加的需求,需要形成新的经济合作关系和供应格局。

当前中国的境外资源供应缺乏安全保障,经济运行的资源代价和风险高。

一方面,境外资源来源地高度集中,运输通道单一,潜在风险大。境外矿产来源地高度集中。我国每年进口的铁矿石中,来自澳大利亚、巴西和印度三个国家的进口量约占铁矿进口总量的 2/3,其中澳大利亚一家就约占 1/4;铜进口地也如此,据有关部门统计,中国的铜矿进口主要来自于智利、蒙古国和秘鲁,加上澳大利亚和墨西哥,五国的进口量约占总量的 8 成;此外,我国钴、钛及其他金属的对外依存度及进口集中度也很高。如果矿产资源主要供应国之中的任何一个,无论是什么原因造成对我国的供应中断,对我国的经济运行都会产生严重的影响(图 1-13)。

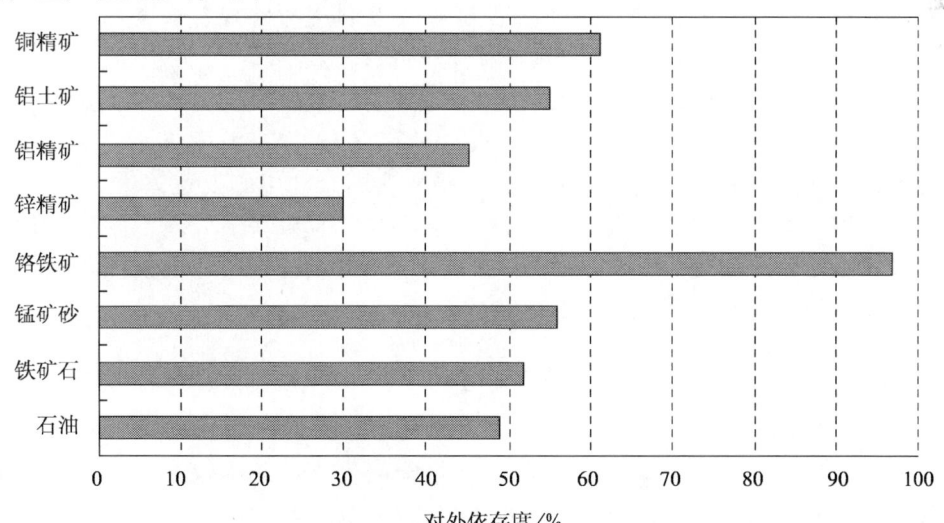

图 1-13 我国重要矿产对外依存度

从我国矿产资源供应的运输途径来看，绝大部分为海上运输，而且路途遥远。一方面运输周期长，另一方面又必须经过一些重要海上运输要塞，如巴拿马运河、苏伊士运河、马六甲海峡等，倘若其中任何一个环节出现问题，都会对我国的境外矿产安全供应构成严峻挑战。另外，矿产品价格飙升，经济运行的资源代价不断增大。近年来由于受世界矿产品市场垄断、我国资源需求拉动和国内企业境外购矿无序竞争的影响，国际矿产品价格大幅度上扬。虽然有金融危机的影响，但目前资源价格仍然处在高位。

这些因素，对我国经济运行的资源成本和经济运行安全带来严峻挑战。从国家经济安全考虑，应该早作准备，提前预防，通过政府和企业共同努力，建立起利用国外资源的稳定格局。

4. 认真研究资源战略，保障资源对经济社会发展的长期支撑

要不断提高矿产资源对经济社会可持续发展的保障能力，必须认真贯彻中央领导同志在历次全国资源环境工作座谈会上的批示精神，即认真研究解决资源特别是战略资源问题，必须从中华民族的长远发展考虑，从应付世界上的突发事件考虑，从为子孙后代考虑，坚持可持续发展的战略。以加大矿产资源勘查投入，提升矿业水平，造就一个矿业强国，提高矿产资源的可供性，保证我国经济安全，以最终满足经济和社会发展的需要为基本战略目标，实施四项战略：立足国内，加强勘查的矿业强国战略；开拓国际，稳定供给的全球矿产资源战略；集约开发，高效利用的持续循环发展战略；分类指导，优化结构的国家宏观调控战略。具体对策为：切实加强矿产勘查；调整能源结构；集约高效开发利用矿产资源，调整和优化矿业结构；建立健全矿业市场体系，加强优势矿产的宏观调控；开发西部地区矿产资源；开发利用非常规矿产资源；鼓励勘查开发境外矿产资源；建立战略性矿产资源储备。

矿产资源储备是保障矿产资源安全稳定供应的重要手段。世界主要发达国家的历史经验证明，一旦发生紧急情况，中断某些矿产资源的供应，将严重影响国家的经济安全和国防安全。为此，一些发达国家和中等发达国家，如美国、日本、法国、德国、瑞典、瑞士、挪威、芬兰、英国和韩国等，不同程度地建立了矿产战略储备制度。随着我国国力的提高和持续稳定科学的发展需要，我国也应该尽快建立相应的矿产资源储备体系。

三 矿产地战略储备的影响因素

矿产地战略储备是一项系统工程，受我国的综合国力、资源禀赋、科技发展水平，以及国际政治与经济环境等诸多因素的影响。

（一）综合国力——储备的基础条件

矿产资源战略储备，尤其是矿产品储备本身是综合国力的体现，进行矿产品储备需要国家一定的财力支撑。世界上进行矿产资源战略储备的 10 个国家全部为发达国家，其经济实力均很雄厚，其中美国、日本、德国、法国、英国等国家的经济总量排在世界前五位。目前，我国的国内生产总值（GDP）居世界第四位，外汇储备世界第一，经济总量与世界发达国家的差距在逐渐缩小。但同时，我国又是人口大国，人均 GDP 水平低，可动用的外汇储备有限，因此我国不可能像美国一样大规模进行矿产资源战略储备。

经济社会的发展需要进行矿产资源储备，目前全球进行矿产资源储备的国家大多是经济发达国家。我国人均 GDP 低，需要持续快速发展经济。像我们这样一个处于工业化中期的人口大国，发展经济需要消耗大量的矿产资源，就要求进行矿产资源储备。矿产品储备需要大量的财力支持。而我国经济实力还达不到发达国家的水平，进行大量的矿产品储备还不现实。矿产地战略储备较矿产品储备成本低，而且可以相对安全地满足经济社会可持续发展的需要。因此，现阶段根据我国国力和工业化中期对矿产资源的需求，要进行矿产资源储备，最佳方案应该是合理安排矿产地战略储备和矿产品储备两种储备方式的结构，适当加大矿产地战略储备的比重。

（二）资源禀赋——储备的先决条件

国内资源禀赋好，供应充足，矿产资源储备就很省力；相反，进行储备难度就会加大。我国是矿产资源大国，已探明的矿产资源总量约占世界的 12%，仅次于美国和独联体（独立国家联合体），居世界第三位，但人均资源量却排在世界第 53 位。我国资源禀赋条件与社会发展需要相比，既有有利的方面，也有不足之处。有利方面主要有以下三点。一是我国矿产资源种类齐全，就矿产储量在世界上的地位而言，部分矿产资源具有一定的优势。二是我国幅员辽阔，成矿条件比较优越，找矿潜力还很大，非金属找矿潜力更大。已发现可作为进一步找矿线索的矿点、矿化点及地球物理、地球化学异常点 20 余万处，许多矿产经多方面论证分析，预测储量很大，但因工作程度低，探明储量所占比例较小。只要增加地勘投入，加强矿产资源成矿远景区，特别是中西部地区的地勘工作，发现新的矿产地，新增矿产储量大有希望。三是从世界范围看，已探明的矿产资源非常丰富，保证程度高，全球范围内的勘查潜力与供应能力是很大的。不足之处也有以下三个方面。一是矿产资源人均不足。我国仅为世界人均占有量的 58%，居第 53 位，这构成了矿产资源储备的劣势。二是国民经济支柱性矿产的经济可采储量严重不足，矿产资源保证程度较低。与其他国家不同的是，我国短缺的，或者对外依存度大的恰恰是大宗矿产，而我国有优势的则是用量少的有色金属矿产和部分非金属矿产。三是资源条件复杂。中、小型矿床为多数，大型、特大型矿床较少。贫矿多，富矿少；难采、难选、难冶矿多，易采、易选、易冶矿少。一些重要矿产主要集中在偏僻、边远地区。

（三）科技发展水平——储备的技术因素

科学技术发展对矿产资源战略储备的影响体现在两个方面：其一，影响矿产资源储备的种类、数量和方式方法；其二，影响对尖端科技所需矿产的使用量。矿产资源的定义域是随着科学技术的发展而延伸的。随着科学技术的进步，替代产品的发现及大规模使用，矿物原料提取技术的提高，进行储备的矿产资源种类与数量，包括储存方式与方法必然要进行相应调整。所以，矿产资源战略储备也应考虑科技发展水平，随时进行调整，还要储备国内短缺的科技矿种。

（四）国际政治和经济环境——储备的外在条件

随着全球经济一体化的发展，国际合作的进一步加强，国际竞争的越来越激烈，我国正面临着发达国家经济政治霸权主义的强大压力。全球经济一体化对我国而言，既是机遇，又有风险。一方面，它可以促进全球资源的有效利用和合理配置，形成适当的国际分工体系，推动全球经济的协调发展；另一方面，我国又面临着被强国渗透、垄断与控制的风险。因为国际经济中"游戏规则"是由具有经济、技术和资源优势的发达国家主导制订的，所以像我国这样的发展中国家往往处于不利的地位，甚至会威胁到国家的经济安全和主权。因此渗透与反渗透、垄断与反垄断、控制与反控制斗争必然贯穿于我国改革开放和经济发展的始终。我国的经济发展已经融合到世界经济发展体系之中，经济发展对国外矿产资源的依存度也会增强。但我国是经济大国，必须保持自己的独立性，所以，国际市场行情和政治局势变化，也是我国进行矿产资源战略储备应考虑的因素。

四 矿产资源战略储备的必要性

（一）保障国家经济安全，实现可持续发展的重要手段

矿产资源在社会经济发展过程中起着重要的基础性作用。我国95％以上的一次能源、80％以上的工业原料、大部分农业生产资料和1/3的饮用水都取自于矿产资源。如果考虑制造业、化工业等下游产业，可以说，矿产资源支撑了70％以上的国内经济及其相关部门的发展。因此，矿产资源被誉为现代工业的

"粮食"和"血液",是国家经济发展的命脉,其保障是否稳定、安全直接关系到国家安全。但是,世界上矿产资源是有限的,而人类社会的需求是无限的。由于矿产资源勘探和开发速度受到科技进步水平、勘探开采成本等条件的限制,形成了资源供给能力的有限性与人类社会无限制需求的矛盾冲突。如果不能够及时预见和理性处置矿产资源供给与需求的矛盾,则迟早会出现资源供应不安全的问题,从而严重影响人类社会可持续发展。

当代世界矿业的突出特点是集中度不断增大,供应方与需求方相分离,市场联合垄断加剧。一次突发事件往往造成矿产资源,特别是能源资源供应局部短缺,甚至中断,世界矿产资源价格飙升,影响国家的经济安全。近年来,我国铁矿石、铜、铝进口量占世界贸易量的 $30\%\sim40\%$,以西方国家为主的少数超大型跨国矿业公司掌控着世界主要资源,操控着世界矿业市场,从中国经济发展中获取超额利润。世界原材料市场,尤其是石油、铁矿石价格的成倍增长,增大了我国经济发展的资源代价和供应风险,给我国经济发展造成了数以千亿元计的损失。

不论从战略储备的理论还是各国的实践来看,战略储备是应对资源市场垄断(如卡特尔)和供应中断的最直接、最有效的手段。德国、日本和韩国等声称,建立矿产资源储备主要是为了保障国家经济安全,如德国矿产储备的名称为经济安全保障储备。韩国建立储备的目的是稳定供应和市场价格。瑞典 1973 年建立经济安全保障储备是为了防备和平时期出现供应障碍。事实上,美国以国防安全目的建立的战略矿产储备也为美国的经济安全起到了不可低估的作用。在目前国际政治经济新格局下,一些国家的储备目的,开始从以国防安全为主转向以经济安全为主。然而,出于国防目的的储备并未停止,出于经济安全目的的储备在某种程度上则有所加强。

全球化是当今世界的发展趋势,经济的竞争成为国家竞争的主要手段。全球化逐步把各国经济纳入全球性产业结构调整之中,它在实现全球资源有效配置,促进各国经济发展的同时,也削弱了各国,特别是发展中国家的经济主权,弱化了国家间的政治经济边界,经济的不稳定性将发生连锁反应。全球化中各利益主体对经济利益的追逐,以及利用经济和市场的形式对全球资源无孔不入的控制,给国家资源安全带来了更大的威胁。我国从未有过像今天这样依赖国外资源的状况,这一趋势还将继续,从这个意义上讲,建立矿产资源战略储备对我国经济安全的重要性比以往任何时候都显得更为紧迫。

经济和社会的可持续发展,是以矿产资源的可持续利用为基础的,进行必要的矿产地战略储备,可以均衡矿产资源及其收益的代际配置;通过资源配置调控需求和供给,从而促进国家产业结构的调整和经济发展方式的转变;促进技术进步和替代产品研制,并为其留下发展时间,减少技术经济不成熟条件下的掠夺开发，减少资源浪费，保护环境，促进矿山的有序开发，促进国民经济和社会的可持续发展。

（二）保障国家政治安全的需要

世界上已建立矿产资源储备的国家明确表示，矿产资源储备是保障国家安全，促进国内资源的保护和开发，逐步减少资源需求对外国的依赖，防备战争时期供应中断，供国家非常时期使用的。虽然有些储备基本上未曾动用过，但一直是一种巨大的威慑力量。

我国是发展中的经济大国，意识形态与西方国家有根本差别。美国、日本等主要发达国家对中国的和平发展制造障碍。美国精心构筑"太平洋锁链"，插手东海和南海，增强我国周边国家的军事力量，对中国进行围堵，直接威胁我国矿产资源进口通道。

对矿产资源的争夺，过去是、现在是、将来仍将是国际间冲突的重要导火索之一。据不完全统计，近几十年来，因矿产资源而引起的国际争端或潜在的国际争端不少于13宗，涉及40多个国家和地区，其中包括我国的南沙、西沙和东海。建立足够的矿产资源储备是有效的震慑。

以全球储备较为成熟的石油贸易为例，历史上石油输出国组织曾经使用"石油武器"，通过大幅度提价或禁运，破坏敌方国家经济的正常运行，胁迫对方做出让步，达到其政治目的。第一次和第二次世界石油危机，"石油武器"的威力发挥到极致，给世界经济，特别是西方依赖石油进口的国家经济造成巨大的损失。不可否认，由于非欧佩克国家石油产量增长很快，欧佩克在世界石油市场上的话语权有所下降，石油市场供应多源性已经形成。这一方面有利于石油消费国分散石油供应来源，降低风险；另一方面，由于这种多元性供应的各方之间石油生产能力不能互相替代，这就使得掌握"石油武器"的也相应地由一方变成多方，任何一方使用石油武器都会冲击世界经济的正常运行。当石油净进口国没有足够的石油储备时，在产油国挥舞"石油武器"时能做的只是让步。但当石油消费国有足够的储备或者有集体安全措施时，这种目的很难达到。世界主要石油进口国先后建立起来的石油储备是1985年以来"石油武器"失效的主要原因之一。

（三）增强对国际国内市场的调控的需要

由于矿产勘查投入不足，找矿勘查成果下降，加之高强度的开采，优势矿产的储量赶不上储量耗竭的速度，表现为总的查明资源储量逐年下降。另外，一批建设于20世纪50、60年代的矿山，后备储量衰竭，资源接替问题严重，生产能力逐步萎缩。

近年来，随着经济发展，我国优势矿产资源开发成为国内外资金追逐的投资热点（如钨、稀土等），采矿生产能力和实际生产量还是不同程度超过国家制订的总量控制目标。受利益驱动，部分省区的矿山企业超计划指标生产的情况十分严重，且产能盲目扩张。由于严格控制总量的综合治理措施和限制初级产品项目建设的产业政策很难落实到位，产能过剩、产量过大、争抢资源、争抢市场，造成了激烈的恶性竞争，严重影响行业整体效益。

由于一些地方、企业片面追求局部利益，加上管理工作还不到位，在特定矿种矿产资源开发利用和保护方面存在一些较为突出的问题。不按国家规定的计划开采，造成过度开发、矿产品竞相压价、低水平重复建设、产品附加值低、盲目出口初级产品、部分高附加值产品尚需进口、产业结构很不合理，以致一些地方生产经营秩序混乱，产品长期供过于求，资源优势不能发挥效用，国家利益受到严重损害。例如，铟矿作为新型战略资源，我国储量仅占世界储量的10%，产量却占60%以上，大量廉价出口，资源外流非常严重。开展矿产地储备可以有效保护我国的优势资源。

（四）降低国家外汇储备风险的重要途径

传统的国家储备通常指硬通货——黄金和外汇，截至2009年年底，中国的外汇储备余额达到2.4万亿美元。作为稳定货币的手段，外汇储备的确是需要的，但并非越多越好，要考虑其成本问题，拥有过多的外汇储备是不经济的；外汇储备过多，还使得我国货币面临升值压力，很可能会成为国际炒家的追逐对象。此外，外汇储备过多还会失去国际货币基金组织的优惠贷款，在必要时还要反过来对国际收支发生困难的国家提供帮助。因此，过高的外汇储备也面临一定的风险，如何分担国家过高的外汇储备风险，是我国金融行业面临的紧迫任务。

适度分散国家储备是减少风险的有效形式。矿产资源作为一种稀缺性不可再生资源，其价值总体趋势应该是逐步增大，价格逐步走高的。国家动用一定的外汇储备进行矿产资源储备实际上也能起到一种保值升值效果。如果对矿产资源储备采取灵活管理体制，甚至动用一定程度的储备量参与商业活动，也能起到套期保值作用。按照这种观点来看，矿产资源储备不完全是一种狭义上的负担，也有可能起到资金的保值、增值和增加国家财富的作用。

为了维护国家安全和经济安全，防备国际强权政治可能对我国的经济封锁、制裁以致破坏，防备各种可能的自然灾害，对矿产资源资源尤其是我国比较短缺而用量又比较大的战略性矿产资源，建立适当规模的战略储备是完全必要的，也是有可能的。在利用外汇增加购买国外矿产品的同时，开展国内矿产地储备，实现矿产品储备和矿产地储备的有机衔接，对矿产资源的可持续供给大有好处。

第二章 矿产地战略储备的矿种及规模

储备矿种和储备规模的确定是矿产地战略储备的重要内容。原则上凡是战略矿产资源都应该储备，但是结合实际情况应该有选择，有重点，再推广。分析国内重要矿产资源，通过指标量化确定储备矿种。储备矿种需要先试点，通过试点，完善政策，探索矿产地储备的运行机制。矿产地储备规模的确定比较困难。各储备矿种的优缺程度不同，其规模的确定方法也不同。从不同角度，采取不同方法建立三种储备规模的数学模型。

第一节 矿产地战略储备的矿种选择

储备矿种的确定首先必须对资源形势进行正确的研判和科学的预测。国内外通常将45种矿产资源作为研究对象。结合我国的资源特点，在确定储备矿种时，选择在经济社会发展中具有重要作用的30种支柱性资源作为研究对象。

能源资源的研究对象主要是煤炭。铀资源属于国家专控资源，不在矿产地储备的研究范围。

在对资源形势分析的基础上，细化储备的影响因素，设计指标，依靠专家评判赋值，利用数学分析工具，确定一定时期内需要储备的矿种。资源形势是动态的，因而矿种的选择也是动态的。确定储备矿种应该同时确定储备和轮换动用的机制。为了保证储备矿种选择的科学性、合理性、可操作性，采用层次分析法，结合矿产资源本身特点进行系统分析。

一 储备矿种的选择

层次分析法（analytic hierarchy process，AHP）创立于20世纪70年代，是分析和处理复杂的社会、经济和管理等领域问题的优良方法。AHP是一种定性与定量相结合的、系统化、层次化的方法，是系统分析的重要工具之一。AHP将与决策问题有关的元素分解成目标、准则和方案等层次，然后进行定性与定量分析。该方法的特点是：在对复杂决策问题的本质、影响因素及其内在关系等进行深入分析的基础上,利用较少的定量信息使决策的思维过程数学化。

而储备地矿种的选择需要多个因素(因子)进行综合评价,其中涉及定性与定量式的因素,所以采用 AHP 较为合适,有利于提高分析结果的科学性和严谨性。

优势矿种和短缺矿种所采用的分析指标不尽相同,因而储备矿种的选择按照相对优势资源和相对短缺资源加以分类更显合理。

(一)优势矿种

1. 优势矿种层次结构构建

根据 AHP 原理及矿产地战略储备的影响因素,将矿种选择作为目标层,将国内资源在全球中的地位、供需表现和资源重要性三个指标作为准则层,其他具体指标为方案层(表 2-1)。

表 2-1 优势矿种 AHP 结构表

目标层	准则层	方案层
矿产地战略储备矿种选择(D)	国内资源在全球中的地位(E_1)	国内储采比(F_1)
		国内储量补偿系数(F_2)
		国内储采比/世界储采比(F_3)
		世界储量补偿系数(F_4)
		1-世界资源分布集中度(F_5)
	供需表现(E_2)	出口量占世界总出口量比(F_6)
		生产增长速度与国内消费增长速度比(F_7)
		国内出口量占产量比重(F_8)
		国内生产量占全球生产量比重(F_9)
	资源的重要性(E_3)	经济重要性(F_{10})
		国防重要性(F_{11})

通过咨询专家,结合相关研究数据资料,确定方案层的指标为 11 个,指标以定量为主,定性为辅。采用 AHP 软件进行权重分配,提高指标数值的合理性。

2. 优势矿种判断矩阵

根据要求,必须建立 D-E、E_1-F_{1-5}、E_2-F_{6-9}、E_3-F_{10-11} 的判断矩阵,并最终求出各个指标的权重,用于指标评价选择。具体的指标标度可以根据标度法(表 2-2~表 2-6)进行标度,其方法是结合专家打分赋值,验证一致性,最终构建矩阵。

采用 MCE.AHP 软件分析验证的结果如下。

其中，lmax 是判断矩阵的最大特征根，对于 n 阶矩阵，当具有完全一致性时，lmax＝n，其余的特征根为零；当矩阵不完全一致时 lmax＞n。

一致性指标 CI，当 lmax＝0，CI＝0 时，判断矩阵一致。

平均随机一致性指标 RI，根据 RI 系数表判断矩阵的一致性。

随机一致性比值 CR，CR＝$\dfrac{CI}{IR}$，当 CR＜0.10 时，判定矩阵具有满意的一致性。

表 2-2　标度法

标度 a_{ij}	定义
1	因素 i 与因素 j 相同重要
3	因素 i 比因素 j 稍重要
5	因素 i 比因素 j 较重要
7	因素 i 比因素 j 非常重要
9	因素 i 比因素 j 绝对重要
2，4，6，8	因素 i 与因素 j 的重要性的比较值介于上述两个相邻等级之间
倒数 1，$\dfrac{1}{2}$，$\dfrac{1}{3}$，$\dfrac{1}{4}$，$\dfrac{1}{5}$，$\dfrac{1}{6}$，$\dfrac{1}{7}$，$\dfrac{1}{8}$，$\dfrac{1}{9}$	因素 j 与因素 i 比较得到判断值为 a_{ij} 的互反数　$a_{ij}=\dfrac{1}{a_{ji}}$　$a_{ii}=1$

表 2-3　D-E 矩阵指标标度结果

D	E_1	E_2	E_3
E_1	1	3	1/2
E_2	1/3	1	1/3
E_3	2	3	1
单层权重	0.3325	0.1396	0.5278

注：lmax＝3.0536；CI＝0.0268；RI＝0.58；CR＝0.0462

表 2-4　E_1-$F_{1\text{-}5}$ 矩阵指标标度结果

E_1	F_1	F_2	F_3	F_4	F_5
F_1	1	3	1	4	6
F_2	1/3	1	3	3	5
F_3	1	1/3	1	2	3
F_4	1/4	1/3	1/2	1	2
F_5	1/6	1/5	1/3	1/2	1
单层权重	0.3805	0.2780	0.1858	0.0984	0.0573

注：lmax＝5.3473；CI＝0.0868；RI＝1.12；CR＝0.0775

表 2-5 E_2-F_{6-9} 矩阵指标标度结果

E_2	F_6	F_7	F_8	F_9
F_6	1	1/5	3	1/3
F_7	5	1	8	3
F_8	1/3	1/8	1	1/5
F_9	3	1/3	5	1
单层权重	0.1158	0.5730	0.0523	0.2589

注：lmax＝4.0933；CI＝0.0311；RI＝0.9；CR＝0.0346

表 2-6 E_3-F_{10-11} 矩阵指标标度结果

E_3	F_{10}	F_{11}
F_{10}	1	1
F_{11}	1	1
单层权重	0.5000	0.5000

注：lmax＝0；CI＝0；RI＝0；CR＝0

根据各层次的标度结果，进行综合乘积，最终得出 F 系数指标的综合权重（表 2-7）。

表 2-7 F 系列指标综合权重

优势矿产指标	F 系数指标	综合权重
矿产地战略储备矿种选择（D）	国内储采比（F_1）	0.126 52
	国内储量补偿系数（F_2）	0.092 44
	国内储采比/世界储采比（F_3）	0.061 78
	1-世界储量补偿系数（F_4）	0.032 72
	1-世界资源分布集中度（F_5）	0.019 05
	出口量占世界总出口量比（F_6）	0.016 17
	生产增长速度与国内消费增长速度比（F_7）	0.079 99
	国内出口量占产量比重（F_8）	0.007 30
	国内生产量占全球生产量比重（F_9）	0.036 14
	经济重要性（F_{10}）	0.263 90
	国防重要性（F_{11}）	0.263 90

根据目前我国稀土、煤、钨等 14 个相对优势矿种的实际数据资料，结合专家咨询结果和 AHP 指标权重，最终结果如表 2-8 所示。

表 2-8 优势矿种 AHP 评价结果

指标 矿种	F_1	F_2	F_3	F_4	F_5	F_6	F_7	F_8	F_9	F_{10}	F_{11}	合计
锂	0.020 12	0.001 79	0.000 02	0.001 67	0.002 11	0.005 71	0.030 01	0.000 31	0.002 85	0.000 00	0.131 95	0.196 54
汞	0.001 28	0.001 71	0.000 02	0.000 10	0.011 13	0.016 17	0.018 66	0.007 30	0.021 61	0.087 97	0.087 97	0.253 90
铅	0.000 06	0.001 77	0.000 01	0.000 02	0.008 93	0.005 73	0.018 71	0.000 31	0.011 41	0.175 93	0.087 97	0.310 85
铋	0.003 83	0.001 79	0.000 05	0.000 02	0.003 66	0.016 17	0.030 01	0.000 56	0.024 15	0.246 31	0.000 00	0.326 53
钛	0.021 80	0.001 05	0.000 08	0.000 02	0.007 59	0.000 00	0.033 50	0.000 00	0.000 00	0.131 95	0.175 93	0.371 93
铍	0.126 52	0.092 44	0.061 78	0.000 02	0.000 00	0.016 17	0.018 66	0.000 14	0.001 16	0.043 98	0.052 78	0.413 64
锗	0.000 86	0.001 73	0.000 22	0.000 02	0.000 14	0.016 17	0.018 66	0.000 32	0.025 39	0.219 92	0.131 95	0.415 37
钒	0.045 88	0.000 00	0.000 09	0.000 02	0.000 14	0.013 55	0.018 66	0.000 55	0.006 49	0.175 93	0.158 34	0.419 65
锡	0.000 08	0.001 75	0.000 02	0.000 02	0.008 30	0.005 25	0.000 00	0.000 29	0.010 29	0.263 90	0.131 95	0.421 87
钼	0.000 38	0.001 45	0.010 81	0.000 02	0.003 66	0.009 15	0.037 31	0.000 35	0.012 27	0.263 90	0.087 97	0.427 26
锑	0.000 00	0.001 78	0.000 02	0.000 02	0.005 06	0.014 86	0.059 92	0.000 41	0.035 92	0.246 31	0.087 97	0.452 26
煤	0.007 21	0.001 55	0.000 00	0.032 72	0.019 05	0.005 74	0.030 00	0.000 31	0.011 69	0.263 90	0.087 97	0.460 13
钨	0.001 22	0.001 78	0.000 02	0.000 00	0.004 30	0.012 87	0.079 99	0.000 36	0.026 91	0.263 90	0.070 37	0.461 73
稀土	0.016 57	0.001 26	0.000 01	0.000 02	0.006 13	0.016 17	0.013 48	0.000 41	0.036 14	0.175 93	0.263 90	0.530 02

从表 2-8 中可以看出，稀土、钨和煤等的分值最高（稀土：0.530 02，钨：0.461 73，煤：0.460 13）。结果表明，对我国的相对优势矿种来说，在出口量大、价格低廉、资源优势减弱的情况下，结合政策支持、资源现状和产业情况，选择稀土和煤等作为试点储备矿种。

（二）短缺矿种

1. 短缺矿种层次结构构建

短缺资源储备矿种的选择为 AHP 的目标层，国内资源在全球中的地位、供需形势和资源的重要程度三个指标为准则层，其他具体指标为方案层（表 2-9）。

表 2-9 短缺矿种 AHP 结构表

目标层	准则层	方案层
矿产地战略储备矿种选择（A）	国内资源潜力（B_1）	储采比（C_1）
		国内储量补偿系数（C_2）
	全球资源可供性（B_2）	世界储采比/国内储采比（C_3）
		世界储量补偿系数（C_4）
		1−世界资源分布集中度（C_5）
		1−进口集中度（C_6）
	供需形势（B_3）	供应地扩展潜力（C_7）
		1−世界政治经济对资源可得影响度（C_8）
		1−对外依存度（C_9）
		1−国内矿产消费占世界比重（C_{10}）
		生产增长速度与国内消费增长速度比（C_{11}）
	资源的重要性（B_4）	1−经济重要性（C_{12}）
		1−国防重要性（C_{13}）

通过咨询专家，结合相关数据资料，确定 13 个指标为方案层，指标以定量为主，定性为辅。采用 AHP 软件进行权重分配，获取合理的指标数据。

2. 短缺矿种判断矩阵

根据要求，必须建立 A-B，B_1-C_{1-2}，B_2-C_{3-6}，B_3-C_{7-11}，B_4-C_{12-13} 的判断矩阵，并最终求出各个指标的权重，用于指标评价选择。具体的指标标度可以根据标度法进行标度，具体方法是结合专家打分赋值，验证一致性，构建判断矩阵（表 2-10～表 2-14）。

表 2-10 A-B 矩阵指标标度结果

A	B_1	B_2	B_3	B_4
B_1	1	2	2	1
B_2	1/2	1	3	1
B_3	1/2	1/3	1	1
B_4	1	1	1	1
单层权重	0.34	0.266	0.1536	0.2404

注：lmax=4.2148；CI=0.0716；RI=0.9；CR=0.0796

表 2-11　$B_1 - C_{1-2}$ 矩阵指标标度结果

B_1	C_1	C_2
C_1	1	3
C_2	1/3	1
单层权重	0.7500	0.2500

注：lmax=2；CI=0；RI=1E-6；CR=0

表 2-12　$B_2 - C_{3-6}$ 矩阵指标标度结果

B_2	C_3	C_4	C_5	C_6
C_3	1	2	3	4
C_4	1/2	1	2	3
C_5	1/3	1/2	1	2
C_6	1/4	1/3	1/2	1
单层权重	0.4668	0.2776	0.1603	0.0953

注：lmax=4.0310；CI=0.0103；RI=0.9；CR=0.0115

表 2-13　$B_3 - C_{7-11}$ 矩阵指标标度结果

B_3	C_7	C_8	C_9	C_{10}	C_{11}
C_7	1	1/5	3	1/3	6
C_8	5	1	8	3	9
C_9	1/3	1/8	1	1/5	3
C_{10}	3	1/3	5	1	7
C_{11}	1/6	1/9	1/3	1/7	1
单层权重	0.1323	0.5157	0.0610	0.2597	0.0312

注：lmax=5.2543；CI=0.0636；RI=1.12；CR=0.0568

表 2-14　$B_4 - C_{12-13}$ 矩阵指标标度结果

B_4	C_{12}	C_{13}
C_{12}	1	1
C_{13}	1	1
单层权重	0.5000	0.5000

注：lmax=2；CI=0；RI=1E-6；CR=0

根据标度结果，最终得出 C 系数指标的综合权重（表 2-15）。

表 2-15　C 系列指标综合权重

短缺矿产指标	C 系数指标	综合权重
矿产地储备矿种选择（A）	储采比（C_1）	0.2550
	国内储量补偿系数（C_2）	0.0850
	世界储采比/国内储采比（C_3）	0.1242
	世界储量补偿系数（C_4）	0.0738
	1－世界资源分布集中度（C_5）	0.0426
	1－进口集中度（C_6）	0.0254
	供应地扩展潜力（C_7）	0.0203
	1－世界政治经济对资源可得影响度（C_8）	0.0792
	1－对外依存度（C_9）	0.0094
	1－国内矿产消费占世界比重（C_{10}）	0.0399
	国内生产增长速度与消费增长速度比（C_{11}）	0.0048
	1－经济重要性（C_{12}）	0.1202
	1－国防重要性（C_{13}）	0.1202

从表 2-16 可以看出，对于短缺矿种来说，铜、钴、铬、铝、铁、锰、锌、镍等矿种的综合得分最低，应当予以优先考虑储备。

表 2-16 短缺矿种 AHP 评价结果

指标 矿种	C_1	C_2	C_3	C_4	C_5	C_6	C_7	C_8	C_9	C_{10}	C_{11}	C_{12}	C_{13}	合计
铜	0.038 62	0.014 78	0.000 79	0.028 96	0.021 99	0.008 45	0.000 00	0.000 00	0.000 00	0.036 83	0.004 52	0.000 00	0.090 15	0.245 08
钴	0.020 74	0.026 83	0.003 52	0.000 00	0.007 69	0.016 90	0.014 22	0.039 61	0.000 00	0.000 00	0.003 01	0.080 13	0.060 10	0.272 75
铬	0.013 69	0.015 60	0.000 82	0.073 84	0.000 00	0.008 45	0.000 00	0.039 21	0.000 00	0.036 95	0.002 72	0.028 05	0.090 15	0.309 87
铝	0.055 63	0.000 00	0.002 09	0.032 01	0.019 32	0.000 00	0.020 32	0.079 21	0.000 00	0.036 21	0.000 00	0.000 00	0.090 15	0.334 95
铁	0.025 99	0.013 52	0.003 11	0.038 20	0.042 20	0.000 00	0.010 16	0.079 21	0.003 12	0.036 22	0.003 33	0.000 00	0.090 15	0.342 08
锰	0.015 81	0.021 44	0.000 79	0.047 66	0.014 40	0.025 35	0.010 16	0.039 61	0.003 12	0.034 63	0.003 33	0.020 03	0.108 18	0.344 51
锌	0.013 98	0.016 96	0.000 95	0.038 44	0.027 05	0.025 35	0.000 00	0.079 21	0.009 37	0.036 41	0.003 28	0.024 04	0.072 12	0.347 16
镍	0.079 20	0.058 86	0.000 50	0.034 15	0.018 76	0.008 45	0.005 08	0.079 21	0.003 12	0.037 39	0.004 79	0.020 03	0.000 00	0.349 55
金	0.005 77	0.016 16	0.002 25	0.031 42	0.027 37	0.025 35	0.000 00	0.079 21	0.009 37	0.038 45	0.003 18	0.080 13	0.090 15	0.408 82
铂族	0.000 00	0.019 26	0.117 88	0.031 42	0.000 47	0.00845	0.000 00	0.079 21	0.003 12	0.039 88	0.002 07	0.080 13	0.030 05	0.411 95
银	0.002 05	0.016 26	0.003 52	0.055 09	0.022 99	0.025 35	0.000 00	0.079 21	0.00937	0.038 97	0.003 13	0.080 13	0.090 15	0.426 23
硼	0.028 60	0.013 46	0.001 13	0.031 42	0.007 46	0.008 45	0.010 16	0.039 61	0.003 12	0.039 54	0.004 49	0.120 20	0.120 20	0.427 84
磷	0.079 02	0.018 68	0.001 17	0.056 08	0.013 54	0.016 90	0.000 00	0.079 21	0.009 37	0.037 16	0.003 13	0.020 03	0.120 20	0.454 50
钾盐	0.138 73	0.085 00	0.001 54	0.062 59	0.007 71	0.008 45	0.010 16	0.079 21	0.003 12	0.037 29	0.003 14	0.080 13	0.120 20	0.554 03
金刚石	0.255 00	0.015 69	0.000 00	0.031 42	0.015 02	0.008 45	0.000 00	0.079 21	0.003 12	0.039 89	0.003 23	0.080 13	0.030 05	0.561 23
硫	0.039 55	0.033 37	0.124 17	0.031 42	0.042 64	0.025 35	0.000 00	0.039 61	0.006 25	0.038 59	0.003 28	0.060 10	0.120 20	0.564 52

考虑到首批推行矿产地储备的矿种不宜太多，并结合我国资源现状，确定煤炭、铜、铝、铬、锰、镍、钨、稀土、锑九种资源作为我国首批非油气矿产地储备矿产。

需要说明的是，选取结果中铁也属于拟储资源，但国际铁矿石价格过高，国内需求量巨大，实行矿产地储备对我国的负面影响严重，暂不作为首批矿产地储备的储备矿种；对能源资源主要研究煤炭矿产地储备。这是因为石油储备已经有专门机构进行系统研究，而且煤炭是我国的优势资源，也是能源的主体，按照我国相当长时期的能源结构，如果说石油出现短期的供应中断可以不影响我国能源的总体安全，那么煤炭出现的任何问题都可能导致我国能源的不安全。所以保护煤炭资源，将煤炭资源作为首批矿产地储备显得非常有必要；锌的国内需求相对能够保障，结合国力，暂可不考虑储备。

铀资源的储备更为重要，之所以不在国家首批矿产地储备中列出，是因为当前铀资源属于国家专控资源，可以通过政策和指令来储备。一旦铀资源进入市场，就必须纳入储备的资源之列。

二 试点矿种选择

试点储备的矿种应该容易操作、切实可行、与目前矿政管理政策目的趋同、对经济发展的影响和运行阻力相对小，从而能够及时改进不足，总结经验和推广。

经过研究并与专家研讨，初步确定将稀土和煤作为首次矿产地战略储备矿种。目前矿政管理政策也为这两个矿种储备创造了条件。试点矿种选择依据有以下几点。

（一）稀土

我国是世界上稀土资源最丰富的国家，呈南北两大块分布。北方以内蒙古白云鄂博稀土矿为主的轻稀土资源，南方以中国特有的离子型稀土矿为主。稀土资源特点明显，主要表现在：矿物齐全，离子吸附型稀土矿世界罕见；资源分布较为集中，且较易开采；有益组分储量高，综合利用价值大。

但是，经过多年开采，我国稀土资源优势地位正受到威胁。在国际稀土市场上，我国基本没有市场话语权，而是放量贱卖。2008年度受国际金融危机影响，部分产品价格降幅超过50%。现状表明，我国稀土资源并不能体现出其真正价值，这严重违背我国长远的矿产资源发展战略。要走可持续发展道路，开展稀土资源矿产地战略储备迫在眉睫。

1. 稀土资源优势地位下降

经过多年开采，稀土资源结构性短缺问题已经显现，导致资源优势地位严重下降。按目前开采速度,一些重要稀土元素将面临枯竭,特别是部分稀缺稀土元素的储量可供开采年限不到10年。造成过度开采的原因,主要体现在三个方面:一是利益驱使,作为稀土资源地来说,稀土开采工艺简单,技术门槛低,投入少,收益率较高;二是过度竞争,受利益驱动,涌现大量稀土小矿,滥采、盗采严重,出口以原材料和初级产品为主,加之企业恶性竞争,导致储采比逐年下降;三是多头管理,稀土开发总量控制指标不一,虽然近年来开发秩序有所好转,但总体效果不佳,政策制定后的落实措施未能有效跟进。

2. 发达国家大量进口我国稀土资源

发达国家大量进口我国稀土资源,采取停产、限产政策,保护本国资源。从历史情况看,发达国家的稀土进口85%～90%以上来自中国,最典型的国家是日本和美国。以美国为首的西方国家,对其本国的稀土资源采取停产、限采等有关政策手段,大力保护本国稀土资源,中国稀土资源的消耗进一步加快。

3. 发达国家向我国转移稀土产业

发达国家大量进口我国稀土资源的同时,还将相关产业转移到我国境内,进一步威胁我国稀土资源优势。以日本为首的发达国家,采取产业延伸的方式,在中国实施投资、控股、建厂等手段,达到其长期稳定、价格操纵、囤积储备的获取稀土的目的。

4. 发达国家利用从我国进口的稀土进行储备

国外大量进口我国稀土资源用于储备,低价购买并囤积稀土产品。以日本为首的发达国家,在大量进口我国稀土资源的同时,采用海底储存的方式进行囤积,同时进口的方式手段也在不断更新。从多量、公开、集中采购,转为多批、少量、分散采购;巧妙利用采购时间差,扭曲正常的供求关系,打压和操纵市场价格。

5. 稀土资源出口量多价低

稀土资源的市场地位没有得到合理体现,出口量多、价低。在2005年之前,我国稀土行业遭遇了近7年的低迷期,国外稀土大国纷纷关闭其本土矿山,并从中国进口廉价稀土资源。国内稀土市场基本遭遇量多、价低的不利局面,稀土资源的市场地位没有得到合理体现。

6. 稀土资源是未来国防科技和高新技术的重要原材料

稀土具有"工业维生素"之称,是国家在未来发展高新技术的关键材料,也是国防工业中的重要原材料,是关系国家安全和发展的最重要战略资源之一。

(二)煤炭

在我国能源生产和消费结构中,煤炭分别占到3/4和2/3,煤炭是我国的基础能源和重要原料。煤炭采选业对 GDP 的贡献率约为 1.5%，在国民经济中占有重要的战略地位。2008 年，我国 28 亿吨的原煤产量支撑了 9.0% 的 GDP。

虽然我国是煤炭资源大国，但是随着经济发展对能源需求量的不断增加，能源供应压力加大。对煤炭资源实行矿产地战略储备已显非常重要。开展矿产地战略储备能够合理调控煤炭资源开发利用方式，从而对我国经济的平稳发展发挥重要的基础支撑作用，具有深远意义。具体表现如下几个方面。

1. 煤炭是我国的重要工业原料

煤炭对国家经济发展具有重要作用，贡献巨大。煤炭的应用面广，在多个行业中煤炭处于产业链的基础地位，是我国的重要工业原料，同时对 GDP 的贡献巨大。除了作为主体能源以外，以煤化工为基础的产业，可以产生多种衍生品，对国家经济发展的作用同样明显。

2. 煤炭的能源主体地位长期难以根本改变

未来几十年内，煤炭依然是我国的主体能源。国内石油资源的短缺和国际油价的高企，以及国际能源需求竞争抑制了国内能源结构的转变。煤炭有着长久的开发历史和扎实的技术基础，使得煤炭在一次性能源开发中的规模最大。煤炭是我国的主体能源，直接关系到国内能源安全，储备煤炭资源也因此可以保障我国能源安全。

3. 煤炭，尤其是特殊稀缺煤种的储采比有降低趋势

按照煤炭目前的开发规模，煤炭，尤其是特殊稀缺煤种的储采比将会降低，可能给国民经济的长期、稳定发展带来严重的影响。我国特殊煤种、稀缺煤种资源少。根据国土资源部《2008 年全国主要矿产资源储量通报》，全国炼焦用煤储量 579.06 亿吨，比上年减少 3.7%，炼焦用煤储量连续多年递减。按照目前的经济发展趋势，我国煤炭的消费量和进口量会进一步增长，并会带来能源保障的隐患。

4. 开展煤炭矿产地储备迫在眉睫

开展煤炭资源矿产地战略储备，有利于推进煤炭行业走可持续发展道路。煤炭矿产地储备有利于调控煤炭产消和进出口贸易，促进煤炭产业结构调整和资源整合，从而保护煤炭资源，促进煤炭资源的合理开发利用。

第二节 矿产地战略储备规模

一 确定储备规模的总体思路及原则

总体思路：储备规模的确定需要考虑当前的年消耗量、未来需求量、进

出口数量，以及资源在全球的地位等，根据储备成本、风险概率、储备收益及国力可承受强度等，经分析测算，综合确定合理的矿产地战略储备规模范围。

总体原则：综合考虑我国经济实力、世界资源产消趋势及国际政治经济形势等因素；储备规模能够体现我国优势矿产的战略价值，真正表现出其应有的重要性和稀缺性；达到保护国家资源安全的目的；坚持适度储备，量力而行，将储备规模有效地控制在一个合理范围。

二 储备规模确定模型

为了体现储备规模模型的科学性、合理性，根据储备矿种的不同资源特性和当前的供需状况，将储备规模模型分两个类型：一是针对优势矿种的优势资源储备模型，二是针对短缺矿种（或是已转向净进口状态的优势矿种，下同）的预警储备模型。

（一）优势资源保护储备模型

1. 优势资源基本保护储备

针对目前我国优势资源开采量大、资源储采比较低的状况，我国提出优势资源基本保护储备思想。2009年度的统计数据表明，我国稀土的储采比只有118.56，而世界平均水平为798.39；钨矿国内储采比为12.17，而世界平均水平为48.28。因此，为保护资源，需要确定优势资源的基本储备规模。

优势资源基本保护储备的主要思路是，以当前我国资源产品的年消耗量，或者矿产资源规划年开采量等相关约束条件为基础，测算未来5～10年，我国需要消耗的资源储量，用已经探明的资源总储量减去需要消耗的资源储量，确定为基本保护储备规模。具体见优势矿种储备规模分析。

2. 优势资源增量储备模型

目前，对国内的优势资源来说（如稀土），很大程度上出现供应过剩、量大价低的状况。矿产地战略增量储备规模的确定思想是：在满足国内外正常消费（国外的正常消费是指年度消费）的同时，不能让他国进口我国资源进行储备（特别是在价格较低的情况），从而使我国掌握优势资源市场的主动权。同时增量储备规模还应体现出优势资源在全球的稀缺性，体现出国内资源的优势和合理价值。因此，我们认为，优势矿种矿产地战略增量储备规模应该根据国际市场的变化在不同阶段实现低度储备、中度储备和高度储备，具体分析如图 2-1 所示。

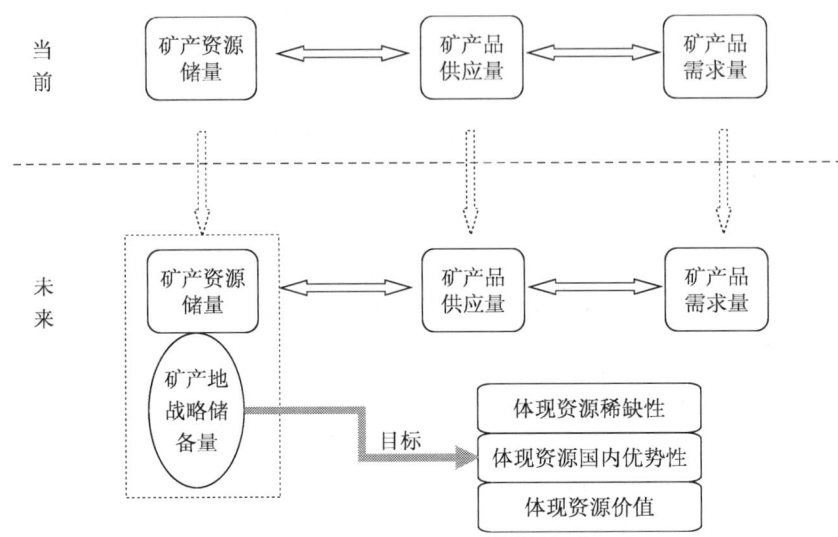

图 2-1　矿产地战略储备原理示意图

低度储备：低度储备的储备强度（量）最弱，是最小的储备量。其储备规模大小的确定，主要是根据年度矿产资源的出口量，以及进口国（地区）的年度消费量和储备量，其中关键的指标是储备量。为了合理保护国内资源，只允许他国从我国进口资源用以年度正常消费，不允许用于资源储备。所以低度储备规模与进口国用于储备的数量相对应。具体计算方法，见表 2-17。

表 2-17　矿产地低度储备计算表

序号	从我国进口的国家	某国年度进口量	某国年度总进口量	某国年度从我国进口量占其总进口量比重	某国年度储备量	我国应执行的储备量
1	x_1	a_1	b_1	a_1/b_1	c_1	$c_1 a_1/b_1$
2	x_2	a_2	b_2	a_2/b_2	c_2	$c_2 a_2/b_2$
…	…	…	…	…	…	…
n	x_n	a_n	b_n	a_n/b_n	c_n	$c_n a_n/b_n$
			矿产品储备量			$\sum_{i=1}^{n} c_i a_i/b_i$
合计	矿产地战略储备量（储量）		设：回采率为 η，选矿回收率为 ε；$\eta\varepsilon$·储量 = $\eta\varepsilon$·原矿 = 精矿（金属含量）			$\dfrac{\sum_{i=1}^{n} c_i a_i/b_i}{\eta\varepsilon}$

中度储备：中度储备是在低度储备的基础上进一步增加储备规模。主要是根据国内外矿产品价格及相关市场预期来调整生产量及出口量，通过制订合理

的出口比重来确定需要储备的规模。中度储备的目标是体现资源的真正价值和国内资源的优势地位。

中度储备规模由两部分组成：一是低度储备规模，二是根据出口价格对资源价值的体现程度调整出口量而产生的储备规模。

对于资源产品来说，其出口量、价格和出口产值存在如下关系式

出口产值＝平衡系数×出口量×出口单价

在合理状态下，出口单价应当不小于单位价值，即

出口单价≥单位价值

如图 2-2，在出口产值不变的情况下，如果当前的净出口量是 J，则必须减少净出口量 ΔJ，使价格提高到单位价值底线位置（此时表现为价格 $P+\Delta P$），才能体现资源价值。所以，要体现资源价值，资源产品净出口量就必须不大于 $J-\Delta J$。

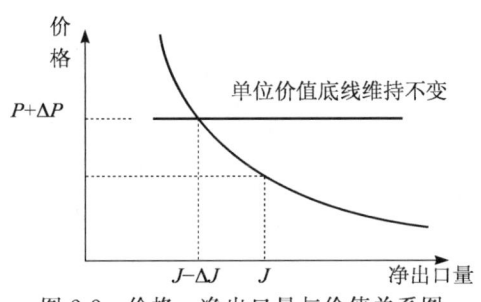

图 2-2　价格、净出口量与价值关系图

为体现矿产资源的稀缺性，体现资源价值，当矿产品出口价格过低时，就有必要减少出口量（减少供应），以提高出口价格，体现资源价值。例如，稀土资源作为我国的优势资源，当出口价格处在较低位置时，资源价值未得到合理体现，这时就要降低产量，减少出口量，降低产能，将减少的出口量对应的资源储量以矿产地战略储备的方式进行储备。因此，中度储备的矿产地战略储备量的计算方法如下：

$$中度矿产地战略储备量 = 低度储备量 + \frac{\Delta J}{\eta \varepsilon}$$

$$= \frac{\sum_{i=1}^{n} c_i a_i / b_i}{\eta \varepsilon} + \frac{\Delta J}{\eta \varepsilon} （其中，\Delta J \leq J）$$

高度储备：高度储备属于最高的储备等级。其思路是矿产资源只供应本国的消费，对外实行零出口，对内严格资源管理，调控资源开发与利用，保证对资源的集约节约消费，实现资源开发与资源储备的良性互动。

高度储备包括两个部分：一是净出口量对应的储量；二是通过调控减少的

国内消费量（与年度合理供应量对应）所对应的资源储量。下面着重分析国内减少的消费量。

如果要合理体现资源价值，国内消费量（即目标供应量）必须从 X 值，减少到 $X-\Delta X$，使单位价格从 P 值，提高到 $P+\Delta P$。在这个过程中，应减少国内消费量 ΔX，即生产量也应减少 ΔX，其对应的资源储量为 $\dfrac{\Delta X}{\eta \varepsilon}$（图 2-3）。

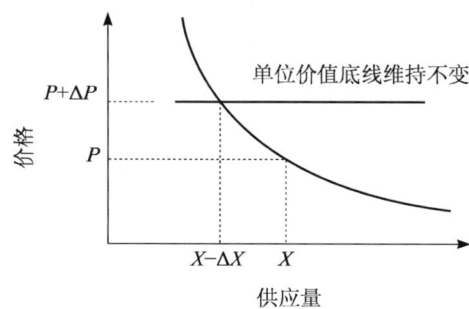

图 2-3　价格、消费量与价值关系图

因此，高度储备的储备规模计算方法为

$$高度储备规模 = \frac{J}{\eta \varepsilon} + \frac{\Delta X}{\eta \varepsilon} = \frac{J + \Delta X}{\eta \varepsilon}$$

（二）短缺资源储备模型

1. 预警储备模型

短缺资源的储备规模确定思路与优势资源不同。国内短缺资源按照现有的储采比，其剩余可采年限少于世界平均水平，呈现净进口，对外依存度较高。所以储备的目标是从中长期资源战略安全出发，保护国内资源，充分利用国外资源，提高国内资源的可使用年限。这种储备称为预警储备。其储备规模的确定主要是通过对比国内外资源的储采比，按照不同强度进行矿产地战略储备。

从图 2-4 中可以发现，预警储备包括三个部分，即新增矿产地限采（储备）、已发现矿产地限采（储备）和进口与国内生产比值增大（间接提高剩余可采年限）。目前，我国一些短缺资源的储量呈现下降趋势。例如，2008 年铜矿储量为 1457 万吨，比 2007 年减少 50 万吨，比 2006 年减少 300 万吨。因此矿产地战略储备不能依靠新增矿产地限采（储备）的方式，而应依靠新发现矿产地限采和提高进口与国内生产的比值两种手段来实现。更多地利用国外资源，间接增加矿产地战略储备规模，延长国内资源的剩余可采年限。

因为我国短缺矿种的剩余可采年限低于世界剩余可采年限平均水平，所以储备规模可以利用剩余可采年限建立相应模型。根据资源的紧缺程度将其分为

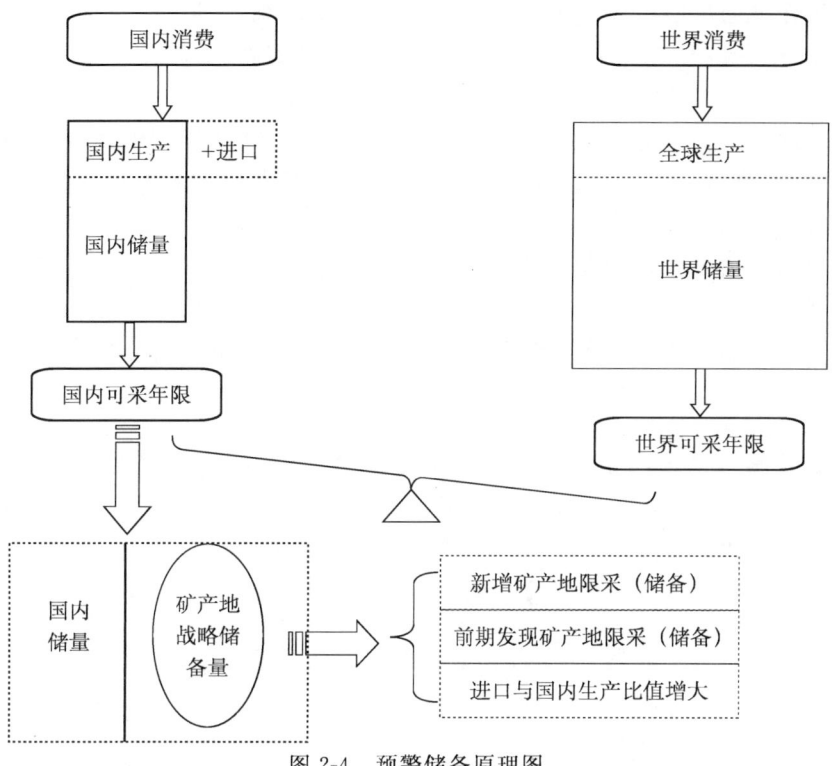

图 2-4 预警储备原理图

三个等级。

红色预警储备：指目前储采比只占世界储采比的 1/3 以下的资源储备，属于最危险的储备级别，储备压力最大。通过储备使储采比达到世界平均储采比的 1/3。

橙色预警储备：指目前储采比只占世界储采比的 1/3～2/3 的资源储备，其储备目标是使国内资源储采比达到世界平均储采比的 2/3，该级别是预警储备的中等强度。

黄色预警储备：储备目标是使国内资源储采比达到世界平均储采比，其储备强度最高。

2. 经济品位储备规模

受资源需求紧张和对外依存度高的影响，国内短缺资源储备的对象主要是目前技术和经济条件不利于开采的资源，即经济品位以下的资源。储备有保障资源安全的功能，而储备国内短缺资源又提高了对外依存度，较高的国外依存度会威胁资源安全，这就产生了储备短缺资源的两难选择。因此，经济品位以下的短缺资源一方面可以避免这种两难选择，另一方面也会为技术进步留下时间，减少在市场短期波动情况下企业开发这部分资源的冲动，从而减少资源浪费，提高资源效益，保护环境，此外，还有利于做到立足国内。

在确定矿床工业指标时，一般都需要计算其经济品位。所谓经济品位是指按盈亏平衡，保证一定的资金利润率，或考虑基建投资贷款偿还要求的品位。它主要涉及三类：一是盈亏平衡品位；二是除考虑盈亏平衡外还要求偿还基建贷款品位；三是不仅要求保证企业盈亏平衡而且要求保证企业有一定的资金利润率时所需的品位。从资源管理角度，根据研究的需要，这里只阐述前两项的计算公式。

盈亏平衡品位指保证企业生产时所得收入与支出相等。计算公式为

$$\alpha_1 = \frac{\beta \cdot C_a}{(1-\rho) \cdot \varepsilon_0 \cdot V_c} \tag{2-1}$$

式中，α_1 为盈亏平衡品位（%）；β 为精矿品位（%）；C_a 为吨矿石的全部折算成本，包括采矿、选矿、企业管理费及销售费，元/吨原矿；ρ 为采矿贫化率（%）；ε_0 为选矿回收率（%）；V_c 为精矿产品价格（元/吨）。

当考虑企业实际支出的税金及营业外支出时，式（2-1）可以变形为

$$\alpha_1 = \frac{\beta \cdot C_a}{(1-\rho) \cdot \varepsilon_0 \cdot (V_c - T_c - O)} \tag{2-2}$$

式中，T_c 为吨精矿税金（元/吨）；O 为吨精矿分摊的营业外净支出（元/吨）。

考虑基建投资贷款偿还的经济品位，即企业生产不仅保障盈亏平衡，而且还需一定的偿还能力。计算公式为

$$\alpha = \frac{\beta(C_a + I_u F_{PR})}{(1-\rho)\varepsilon_0 V_c} \tag{2-3}$$

式中，I_u 为年产一吨矿石的单位投资指标（元/吨）；F_{PR} 为资金还原系数 $F_{PR} = \frac{i(1+i)^n}{(1+i)^n - 1}$，其中，$i$ 为投资贷款利率（%）。

为了便于理解，式（2-3）可以简化为

$$\alpha = \alpha_1 + \alpha_2 = \frac{\beta C_a}{(1-\rho)\varepsilon_0 V_c} + \frac{\beta I_u F_{PR}}{(1-\rho)\varepsilon_0 V_c}$$

式中，α_1 为盈亏平衡品位（%）；α_2 为投资贷款偿还的附加品位（%）。

矿产资源储备规模是根据资源耗竭状况、经济社会可持续发展，以及综合国力、国外资源保障情况、国内外社会政治态势、未来消耗量、进口依存度、科技进步，并根据储备成本、风险概率及国力承受程度，寻求国民经济损失最小等因素来确定合理的储备量。

3. 综合回收率储备模型

矿产地储备可以依据矿产地的不同勘查程度选择不同的规模确定方法。详查前未形成储量的矿产地可以按照矿地面积确定储备规模；形成储量的矿产地

储备规模可以参考产品储备规模来确定。根据国内生产矿产品所需要消耗的储量和储量形成产能的损失率反推，确定需要储备的储量。由于矿产地储备主要是为了保障经济社会的可持续发展，从理论上来讲，矿产地储备量（金属含量）应大于矿产品储备量，因此反推确定的储备规模应该是矿产地储备的最低规模。

对于已经形成储量的矿产地，储备规模按照如下公式计算

$$Q = \frac{Q_1 \cdot \overline{C}}{\overline{C_1}}$$

$$Q_R = Q_1 \cdot \overline{C} \cdot R_c / \overline{C_1} \cdot \gamma \qquad (2-4)$$

式中，Q 为矿产品储备量；Q_1 为国外矿产品储备量（依据我国国情合理选取一个参照国储备量）；$\overline{C}$ 为我国月均矿产品需求量；$\overline{C_1}$ 为国外月均矿产品需求量（依据我国国情合理选取一个参照国的月均消费量）；Q_R 为矿产地储备的储量规模；R_c 为我国生产单位矿产品的平均储量消耗；γ 为采选综合回收率。

由公式（2-4）计算得到的储备量还需要综合考虑以下因素加以调整：我国拥有该类矿产资源的储量的多少（保证生产供应年限和消费供应年限）；该类矿产资源在世界范围内的储量；该类矿产资源在全球的供给量及需求量的平衡性；在世界范围内对该类矿产资源的获得能力；矿区规模、地质品位及地质勘查程度；拟储备矿种在国家发展中的重要作用和现阶段我国国力等。

第三节 储备矿种及规模的动态调整机制

一、储备矿种及规模的调整思路和原则

储备矿种及规模能否实现及时和科学调整直接影响储备的长期性、灵活性、合理性和有效性，影响储备的目的能否顺利实现。因此，在矿产地战略储备过程中，必然会遇到储备矿种及规模的调整问题。

（一）思路

以储备大宗短缺资源和优势资源为基础，在不同时期，根据新增资源量和资源供需形势的变化适时调整储备矿种、储备规模及储备时效，以合理的储备实现资源的均衡配置，保障经济社会的可持续发展。

（二）原则

1. 保障安全原则

矿产资源具有稀缺性。随着消费的扩大，矿产资源安全成为一个日益重要

的问题，矿产地储备必须高度重视资源安全。能否保障经济社会发展对矿产资源的需求，直接关系到政治、经济和社会的稳定。调整储备矿种及规模，必须以保障资源安全供应为根本原则。

2. 灵活性原则

不同矿产资源存在不同的赋存情况和供需形势，在经济发展中的地位也不尽相同。矿产地储备必须坚持灵活性原则，储备的规模和矿种不能一成不变，而应根据实际情况采取灵活的方式方法，适时调整储备的矿种及规模，与经济发展需求相协调。

3. 系统性原则

矿产地储备属于矿产资源管理范畴，是在全国范围内进行资源的有序配置，涉及国内外资源、经济、政治等多因素，是一个复杂系统。调整储备的矿种及规模应当系统考虑诸多因素，调整过程中应体现出整个系统的有机协调与灵活性。

4. 动态性原则

调整储备矿种和储备规模要考虑矿产资源储量的动态变化特征，考虑矿产资源开发利用主体的自我调整能力，考虑国际政治、经济和技术的变化。资源储量会随着勘探技术的进步而增加，而且技术进步也会提高矿产资源的利用效率，改变战略矿产资源的原有价值。调整储备的矿种及规模应当适应这些变化，坚持动态原则。

5. 定性与定量相结合原则

调整储备矿种及规模的方法中既有采矿回收率、选矿回收率等量化指标，也有矿产资源在经济发展中的重要性、主要资源供应国的政治立场等定性指标。调整储备的矿种及规模应当在尽量采用定量方法的基础上与定性分析相结合。同时要具有科学性，准确界定调整指标的含义、权重和计算方法，选取稳定性好、相关度高、能够较好反映矿种及规模特征的指标。

二 储备矿种的调整程序及调整条件

（一）储备矿种的调整程序

该调整程序分三个阶段：研究阶段、政策制定与管理、调整阶段。由专业机构根据年度矿种供应安全变化情况，定期开展储备矿种调整研究。形成的研究结果上报政府主管部门，并制订相应的储备矿种调整政策，开展具体调整工作。

研究阶段的主要任务是确定年度需要进行矿产地战略储备的矿种。根据矿种选择进行综合评价分析，采用因子指标化、指标数量化和层次分析法，确定年度矿产地战略储备矿种，并提出储备矿种调整建议。具体的研究工作由专业研究机构承担，与主管部门及时沟通。

储备管理机构依据研究成果制订储备矿种调整政策，部署储备矿种的调整工作。对要取消的储备矿种，进行登记处理；对新确定的储备矿种，要确定相应的储备规模和储备布局（图2-5）。

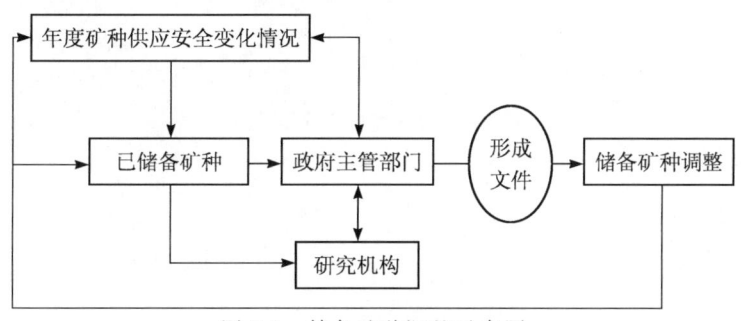

图2-5 储备矿种调整示意图

（二）储备矿种的调整条件

统筹考虑资源变化和经济社会发展，适时合理地调整储备矿种。

调整的基本条件：已储备和未储备矿种的供应安全情况，包括生产、消费、进出口贸易等各项指标，以及各矿种产业运行现状，对社会经济发展的影响情况，综合反映出的安全程度。

三、储备规模的调整程序及调整条件

（一）储备规模的调整程序

矿产地战略储备管理机构根据专业研究机构的建议，分析确定储备规模增加或投放的时机和数量，利用储备资金和地勘基金调节矿产地战略储备存量。

由专业研究机构根据年度矿产资源开发利用情况，依据储备规模确定方法，定期研究规模的调整问题。研究成果经主管部门组织认证后，形成矿产地储备规模调整意见。

对需要增加储备规模的矿种，年内开展新增储备布局的选择；对需要降低储备规模的矿种，在对现有储备地进行评价分类的基础上，释放条件较好的储备地供开发利用。

储备地动用采用市场方式，资源投放市场采用招拍挂方式，由政府主管部门组织或委托相关单位实行招拍挂（图2-6）。

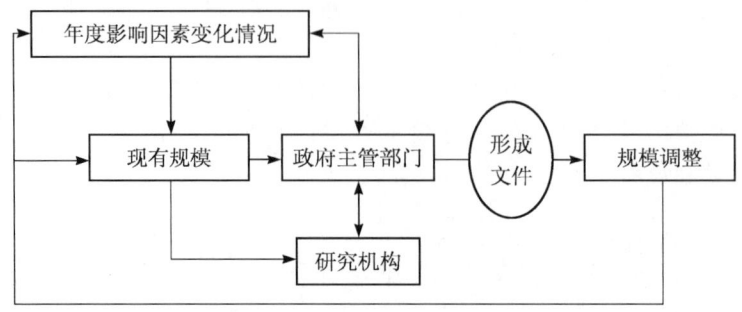

图2-6 储备规模调整示意图

（二）储备规模的调整条件

根据确定储备规模的数学模型，储备规模一般一年核算一次，五年调整一次。

1. 经济条件

考虑经济条件是为了减少储备的运行成本，增加储备收益，增强储备服务经济社会可持续发展和国家安全的目的。矿产地储备，尤其是短缺资源的矿产地储备，在一定程度上均衡了资源及资源收益的代际分配，支撑了经济社会的可持续发展，但同时也拟制了当代的资源供应，这种拟制程度与储备规模成正比。对短缺资源而言，这是一种两难选择。储备规模受到国家产业结构调整和经济发展方式的直接影响，有什么样的支柱产业和发展方式，就有多大规模的储备。因此，必须考虑经济社会发展所能承受的储备规模及储备资金。既要实现资源的代际分配，保障可持续发展，又要将储备对当代经济社会发展的影响降到最低，还要将储备资金控制在合理范围，减少当代储备成本与增加储备未来收益同样重要。

2. 矿产资源条件

矿产资源的勘查、开发和利用是一个完整的过程。因此矿产资源在开发利用的同时也在不断被勘查，已经探明的储量在消耗，新的储量也在产生。同时矿产资源的开发利用也受到资源品位、地质条件、环境及地质工作程度等因素影响。储备规模的调整需要在资源勘查、开发和利用的整个过程中来研究，需要结合资源的赋存特点、品位、地质工作程度和地质环境等因素来分析，这是调整储备规模的资源条件。

3. 储备规模调整模型

储备规模调整模型包括以下几种。

（1）优势资源储备规模调整模型。矿产地战略储备规模在供需关系中难以直接找到对应的关系式，但可以通过资源与产品内在联系建立关系式。设需要的矿产品储备规模为 R，由此折算成的储量规模为 R_D，则

$$R_D = \frac{R}{\eta \varepsilon}$$

说明：对于优势资源（如稀土）主要是产品净出口，可以将产品量转化成资源量，进行约束条件分析，不存在矿产地战略储备量转化与真实进口矿产品储备量计算的冲突。所求得的有关矿产品储备量可以用上式转换成矿产地战略储备量。

设某年某资源产品产量为 C_0，消费量为 X_0，净出口量 J_0，库存增量为 ΔK，则

产量＝消费量＋净出口量＋库存增量＋年储备量

推出

年储备量＝产量－（消费量＋净出口量＋库存增量）

即

$$R = C_0 - (X_0 + J_0 + \Delta K)$$

说明：在刚开始实施储备的过程中，年储备量并不一定要达到国家最低储备量，主要受价格影响，如果价格不合理，则不利于一次储备到位。设最低储备量为 R_Z，年储备量为 R_0，所以存在条件 1。

条件 1：最低储备量≥年储备量，即

$$R_Z \geqslant R_0$$

次年价格发生变化 ΔP，则价格为 $P + \Delta P$，并设定价格上涨时，ΔP 为正值；同时储备量变化 ΔR，并设定释放储备量相当于增加产量，设为正值，增加储备量相当于消费，设为负值，则

次年产量＋释放储备量＝次年消费量＋次年净出口量＋次年库存增量

所以，释放储备量＝次年消费量＋次年净出口量＋次年库存增量－次年产量，即

$$\Delta R = X_1 + J_1 + \Delta K_1 - C_1$$

说明：对于某一年需要释放的储备量，其最根本的来源条件是国家最低的储备量，所以要达到释放的储备量则必须满足下面的条件 2。

条件 2：最低储备量≥释放储备量，即

$$R_Z \geqslant \Delta R$$

说明：在实行储备的过程中，存在一定的盈亏平衡关系。从简单的价格变化来讲，如储备时的价格为 J，则在释放储备量时，价格应当属于上涨的时候，则价格为 $J + \Delta J$，设储备管理费用成本为 G，所以存在以下关系

$$Y = \Delta R(J + \Delta J) - RJ - G \geqslant 0$$

根据以上几个条件，说明储备量的构成受到多个因素的影响，而且每一个条件都是必要的，因此要想达到理想的储备效益，需要符合以下约束条件集

$$\begin{cases} R = C_0 - (X_0 + J_0 + \Delta K) \\ R_z \geqslant R_0 \\ \Delta R = X_1 + J_1 + \Delta K_1 - C_1 \\ R_z \geqslant \Delta R \\ \Delta R(J + \Delta J) - RJ - G \geqslant 0 \end{cases}$$

其中，R 为矿产品储备量；C_0 为矿产品产量；X_0 为消费量；J_0 为净出口量；ΔK 为库存增量；R_z 为最低储备量；R_0 为年储备量；ΔR 为释放储备量；X_1 为次年消费量；J_1 为次年净出口量；ΔK_1 为次年库存增量；C_1 为次年产量；J 为价格；ΔJ 为价格变化量；G 为储备管理费用成本。

说明：当求得满足约束条件集中的 R 值时，便可根据公式 $R_D = \dfrac{R}{\eta \varepsilon}$，求得矿产地战略储备量。

（2）预警储备调整模型。对于属于预警储备的矿种，其储备规模的调整，主要根据世界资源储量、国内资源储量，以及两者之间的比值变化情况来确定储备规模的变化情况（表 2-18）。在储备的基础上，定期对其进行重新测算，适时调整储备规模，以求最大程度适应社会经济发展需要。

表 2-18 预警储备等级表

指标		世界储采比	比值	比值区间分布	储备等级
世界储量	R_W	$M_W = R_W/C_W$		[2/3, 1)	黄色预警
世界年产量	C_W				
		国内储采比	$Y = M_C/M_W$	[1/3, 2/3)	橙色预警
国内储量	R_C	$M_C = R_C/C_C$		[0, 1/3)	红色预警
国内年产量	C_C				

第三章 矿产地战略储备的布局

第一节 可储备资源分布及开发利用现状

一 煤炭

我国煤炭资源丰富，资源潜力大，是我国煤炭工业稳定发展的基础，也作为能源主体支撑着经济社会的长期发展。

（一）煤炭资源总量及其构成

截至 2009 年年底，全国查明煤炭资源储量为 13 096.8 亿吨，其中基础储量 3189.6 亿吨，资源量 9907.2 亿吨；炼焦用煤查明资源储量 2961.0 亿吨，其中基础储量 1139.5 亿吨，资源量 1821.5 亿吨。

（二）煤炭资源分布

我国含煤面积 60 万平方公里，分布在全国 30 个省（自治区、直辖市）。其中，秦岭—大别山以北的资源量约占 90%，集中分布在蒙、晋、陕三省区；秦岭—大别山以南只占全国的 10%，集中分布在贵州和云南。内蒙古、山西、陕西、云南和贵州五省煤炭储量占全国储量的 76.43%，煤炭查明资源储量主要分布在山西、内蒙古、陕西和新疆，四省区查明资源储量占全国查明资源储量的 77.01%，内蒙古是我国煤炭查明资源储量最大的地区（表 3-1）。

表 3-1 全国煤炭资源储量状况表（截至 2009 年年底）

地区	矿区数/处	基础储量/亿吨	储量/亿吨	资源量/亿吨	查明资源储量/亿吨
全国总计	8 932	3 189.6	1 636.9	9 907.2	13 093.8
北京	34	7.0	3.1	17.6	24.6
天津	2	3.0		0.9	3.9
河北	246	56.3	20.0	95.9	152.2
山西	656	1 055.5	583.7	1 606.1	2 661.6
内蒙古	512	772.7	415.3	2 693.2	3 465.9
辽宁	486	43.8	21.6	30.6	74.4
吉林	450	12.8	9.1	14.1	26.9
黑龙江	234	69.0	16.2	147.9	216.9

续表

地区	矿区数/处	基础储量/亿吨	储量/亿吨	资源量/亿吨	查明资源储量/亿吨
江苏	127	14.5	8.1	21.4	35.9
浙江	68	0.5	0.2	0.5	1.0
安徽	220	83.7	43.9	206.8	290.5
福建	245	4.2	2.3	6.2	10.4
江西	479	7.2	3.5	7.1	14.3
山东	301	82.1	39.7	174.0	256.1
河南	300	114.7	34.7	166.2	280.9
湖北	282	3.3	0.1	4.5	7.8
湖南	620	18.9	9.6	13.3	32.2
广东	188	1.9	0.6	4.4	6.3
广西	179	7.7	3.4	14.0	21.7
海南	8	0.9		0.8	1.7
重庆	223	21.3	10.3	15.9	37.2
四川	614	52.3	30.8	59.5	111.8
贵州	959	128.1	68.9	444.0	572.1
云南	390	77.5	50.3	212.3	289.8
西藏	23	0.1		0.4	0.5
陕西	219	268.7	138.6	1 414.8	1 683.5
甘肃	221	58.4	32.9	82.1	140.5
青海	89	20.0	9.6	35.5	55.5
宁夏	92	55.5	27.4	269.9	325.4
新疆	465	148.0	53.0	2 147.3	2 295.3

资料来源：国土资源部《全国矿产资源储量通报》（2009 年）

除晋、陕、蒙、滇、黔五省区外，我国煤炭的储量和查明资源储量在新疆、河南和山东分布较多。

尽管煤炭资源总量丰富，但特殊煤种、稀缺煤种资源比较少，煤种主要有优质炼焦用煤、特低灰煤，以及液化、水煤浆用煤等。根据国土资源部《全国矿产资源储量通报》（2009 年），截至 2009 年年底，全国炼焦用煤储量 567.6 亿吨，比上年减少 1.98%，连续多年递减；查明资源量 2961.0 亿吨，其中，基础储量 1139.5 亿吨，资源量 1821.5 亿吨。我国焦煤储量主要分布在山西省，占到全国焦煤总储量的 58.58%（表 3-2）。

表 3-2　炼焦用煤　　　　　　　　　（单位：亿吨）

地区	基础储量	储量	资源量	查明资源储量
全国总计	1 139.5	567.6	1 821.5	2 961.0
北京	0.0	0.0	0.5	0.5
天津	3.0	—	0.5	3.5

续表

地区	基础储量	储量	资源量	查明资源储量
河北	29.4	11.1	58.6	88.0
山西	624.0	332.5	938.5	1 562.5
内蒙古	33.3	15.0	46.4	79.7
辽宁	12.3	6.1	8.5	20.8
吉林	2.3	1.7	3.4	5.7
黑龙江	40.7	8.0	51.8	92.5
江苏	14.5	8.1	19.6	34.1
浙江	0.5	0.2	0.3	0.8
安徽	75.4	43.0	175.9	251.3
福建	0.1	0.0	0.0	0.1
江西	4.5	2.4	3.6	8.1
山东	68.0	34.9	119.4	187.4
河南	44.1	13.6	66.2	110.3
湖北	0.7	0.0	0.9	1.6
湖南	4.4	2.1	3.6	8.0
广东	0.1	0.0	0.2	0.3
广西	0.7	0.1	0.6	1.3
重庆	7.8	3.1	7.1	14.9
四川	16.6	7.7	14.3	30.9
贵州	55.9	32.0	59.0	114.9
云南	26.8	17.7	41.2	68.0
西藏	0.1	0.0	0.2	0.3
陕西	16.1	8.1	41.9	58.0
甘肃	5.4	2.6	7.0	12.4
青海	11.0	3.1	25.4	36.4
宁夏	16.2	5.6	42.1	58.3
新疆	25.6	8.9	84.8	110.4

资料来源：国土资源部《全国矿产资源储量通报》（2009年）

（三）资源开发状况

2008年全国煤矿已利用井田4869处，已利用矿区查明资源储量即占用查明资源储量4769.89亿吨，其中，基础储量2185.17亿吨，分别占全国总量的38.3%和70.1%。全国煤炭主产区集中在内蒙古、陕西、山西、新疆、安徽、河南、云南、河北、贵州和山东，10省区合计利用煤矿查明资源储量4317.78亿吨，占全国已利用查明资源储量总量的61.2%（表3-3）。

表 3-3 2008 年我国煤炭查明资源储量利用情况

地区	已利用矿区			可规划利用矿区		
	矿区数/处	基础储量/亿吨	查明资源储量/亿吨	矿区数/处	基础储量/亿吨	查明资源储量/亿吨
全国	4 869	2 185.17	4 769.89	1 496	917.52	7 120.38
北京	21	5.23	15.06	4	0.09	3.09
河北	213	46.10	114.92	20	10.20	21.59
山西	441	781.19	887.97	179	205.09	1 677.77
内蒙古	293	535.71	1 120.92	185	247.06	2 079.37
辽宁	121	35.44	46.22	19	4.27	14.16
吉林	250	8.35	14.97	44	3.53	10.39
黑龙江	177	51.77	90.31	42	50.06	125.48
江苏	89	11.33	24.04	14	3.39	6.91
浙江	58	0.48	0.84	3	0.01	0.04
安徽	163	63.97	164.95	46	21.93	111.26
福建	89	2.68	6.19	3	0.01	0.25
江西	206	6.77	11.96	38	0.63	1.59
山东	175	51.39	108.52	33	17.27	80.99
河南	211	78.08	158.60	44	19.08	79.50
湖北	222	3.21	6.90	11	0.04	0.16
湖南	383	16.10	23.39	160	2.92	7.05
广东	175	1.86	5.16	4	0.03	0.28
广西	146	6.36	13.10	15	1.39	3.70
海南	4	0.90	1.63	4	0.00	0.04
重庆	134	17.27	21.97	26	2.89	6.65
四川	199	37.98	60.35	67	7.64	41.48
贵州	169	41.63	109.38	225	104.73	414.50
云南	322	67.16	125.47	43	11.47	133.77
西藏	18	0.06	0.42			
陕西	127	150.58	909.74	74	122.75	728.17
甘肃	76	35.80	41.23	49	23.58	60.32
青海	55	10.69	22.55	20	3.30	10.12
宁夏	37	19.87	45.82	32	36.49	220.29
新疆	295.00	97.21	617.31	92.00	47.67	1281.46

资料来源：国土资源部《中国矿产资源年报 2008》

2008年全国煤矿可规划利用井田1496处，查明资源储量7120.38亿吨，其中基础储量917.52亿吨，分别占全国总量的57.1%和28.1%。全国煤矿可规划利用矿区查明资源储量主要集中在内蒙古、山西、新疆、陕西、贵州、宁夏、云南、黑龙江和安徽，9省区合计可规划利用煤矿资源储量6772.07亿吨，占全国可规划利用矿区查明资源储量的95.1%。

我国暂难利用煤产地2307处，查明资源储量573.76亿吨，主要分布在山西、新疆、内蒙古、山东、陕西、宁夏、河南、贵州、云南、青海，10个地区占全国暂难利用煤矿查明资源储量的86.9%。

二 锰矿

（一）锰矿资源总量及其构成

总体来讲，我国锰矿资源相对贫乏。据《全国矿产资源储量通报》（2009年），截至2009年年底，我国锰矿区423处，查明资源储量87 027.0万吨（矿石，下同），基础储量18 576.6万吨，储量9025.6万吨，资源量68 450.4万吨。其中富锰矿储量721.0万吨。

（二）锰矿资源的分布

我国锰矿资源储量分布比较集中，主要分布在湖南、贵州、广西、重庆、辽宁、云南六省（自治区、直辖市），合计占全国锰矿资源储量的94.54%（表3-4）。具有开发利用和工业经济价值的锰矿区域，主要是桂西南，湘、黔、渝"锰三角"地区，贵州遵义地区，辽宁朝阳地区，滇东南地区，湘中地区，湘南永州地区和陕西汉中-大巴山地区。以上八大锰矿区是我国锰矿石的重要产地。

表3-4 2009年我国锰矿资源储量分布情况表

地区	基础储量/万吨	占全国比重/%	储量/万吨	占全国比重/%	资源量/万吨	占全国比重/%
湖南	5 881.6	31.66	3 066.5	33.98	10 679.6	15.60
贵州	2 479.6	13.35	1 725.5	19.12	7 550.1	11.03
广西	3 848.1	20.71	1 524.4	16.89	10 679.6	15.60
重庆	1 806.9	9.73	1 045.8	11.59	2 254.4	3.29
辽宁	1 364.6	7.35	781.1	8.65	3 097.7	4.53
云南	582.4	3.14	389.6	4.32	8 871.3	12.96
其他	2 613.4	14.07	492.7	5.46	25 317.7	36.99
全国	18 576.6	100.00	9 025.6	100.00	68 450.4	100.00

资料来源：国土资源部《全国矿产资源储量通报》（2009年）

从规模来看，我国锰矿区中，资源储量超过1亿吨的仅1处（广西下雷锰矿床),大型矿床(≥2000万吨)5处,中型矿床(200万~2000万吨)54处,其余为小型矿床。这就难以充分利用现代化工业技术进行开采,历年来,80%以上锰矿产量来自地方中、小矿山及民采矿山。另外,我国锰矿石平均品位约22%,符合国际商品级的富矿石(Mn≥48%)几乎没有。富锰矿(氧化锰矿含锰大于30%、碳酸锰矿含锰大于25%)储量只占5%,而且有部分富锰矿石在利用时仍需要工业加工。贫锰矿储量占全国总储量的95%,碳酸锰矿占全国储量的55.8%。

我国锰矿石质量差,高硅、高磷、高铁的锰矿石占较大的比重,矿石结构复杂、粒度细,目前的技术水平条件下难选冶。因此应尽量的保护国内有限的锰矿资源,在技术条件允许的条件下再开发。

(三)资源开发状况

截至2008年年底,全国已开发利用锰矿矿区195处,已利用矿区锰矿石查明资源储量58 112.3万吨,其中基础储量21 183.1万吨,占锰矿查明资源储量总量的68.6%。已开发利用的锰矿矿区主要分布在广西、湖南、云南、贵州、重庆、辽宁等地(表3-5)。全国可规划利用的锰矿矿区115处,锰矿石查明资源储量12 630.2万吨,其中基础储量1368.8万吨,占锰矿查明资源储量总量的14.9%,主要分布在广西、贵州、四川、内蒙古、湖南和辽宁等地。全国暂难利用锰矿矿区83处,合计查明资源储量13 931.8万吨,占锰矿查明资源总量的16.5%。

表3-5 2008年我国锰矿查明资源储量利用情况

地区	已利用矿区			可规划利用矿区		
	矿区数/处	基础储量/万吨	查明资源储量/万吨	矿区数/处	基础储量/万吨	查明资源储量/万吨
全国	195	21 183.1	58 112.3	115	1 368.8	12 630.2
北京	1	0	1.7		0	0
河北	5	4.8	26.2			
山西				4	12.9	543.3
内蒙古	3	1.3	68	7	543.4	1 257.4
辽宁	4	1 235.7	3 529	2		710.2
吉林	1	0.4	0.4			
安徽	8	9.5	98.3	4		10.5
福建	16	37.6	191.2	1		60
河南	1	0.4	64	1		77.5
湖北	6	871.5	1 522.3			
湖南	37	5 243.7	13 244.6	10	551	1 055.5
广东	6	191.2	876.2	3	14.9	101.2
广西	50	7 735.2	16 670.6	45	222.6	4 659.5
海南				1		109.8
重庆	5	1 844.9	4 051.3	1	0.1	50.1
四川	2	3.6	51	6	15.6	1 830.8

续表

地区	已利用矿区			可规划利用矿区		
	矿区数/处	基础储量/万吨	查明资源储量/万吨	矿区数/处	基础储量/万吨	查明资源储量/万吨
贵州	12	2 496.7	6 840.5	13		1 892.6
云南	21	886.8	9 091.6	3		104
陕西	5	302.6	1 174.6	2		22.3
甘肃	3	94.9	160.9	7	8.3	124
新疆	8	222.3	449.9	5		21.5

资料来源：国土资源部《中国矿产资源年报2008》

三 铬铁矿

（一）铬铁矿资源总量及其构成

截至2009年年底，我国有铬铁矿区67处，拥有储量122.4万吨（矿石，下同），基础储量552.5万吨，资源量628.5万吨，查明资源储量1151.0万吨。其中富铬矿（$Cr_2O_3>32\%$）储量只占全国的34.80%。

（二）铬铁矿资源的分布

我国铬铁矿储量主要分布在甘肃（73.0万吨）、内蒙古（11.6万吨）、西藏（5.3万吨）三省区。查明资源储量1151.0万吨，比上年净减少27.4万吨，下降2.3%，我国铬铁矿远低于国际主要的铬铁产出国储量水平（表3-6）。

表3-6 2009年我国铬铁矿资源储量分布情况

地区	基础储量/万吨	占全国比重/%	储量/万吨	占全国比重/%	资源量/万吨	占全国比重/%
内蒙古	126.7	22.93	11.6	9.48	132.0	21.00
西藏	209.1	37.85	5.3	4.33	180.1	28.66
甘肃	125.1	22.64	73.0	59.64	64.3	10.23
其他	91.6	16.58	32.5	26.55	252.1	40.11
全国	552.5	100.00	122.4	100.00	628.5	100.00

资料来源：国土资源部《全国矿产资源储量通报》（2009年）

全国已探明的铬铁矿床中，富矿（$Cr_2O_3>32\%$）储量仅占全国的23.82%，而且主要分布在西藏、新疆和甘肃，三省区富矿储量占全国富铬矿总储量的95.63%。富铬矿分布区域不均衡，分布区位远，运距长，交通不便，开发利用条件差。

我国铬铁矿资源矿床规模小，分布零散，迄今，尚未发现查明资源量在500万吨以上的大型铬铁矿区，全国探明的中型矿区（100万～500万吨）只有3处，分别为罗布莎、大道吉尔和贺根山，而且开发利用条件差，交通不便，绝大部分需要坑采。国内铬铁矿资源冶金级矿石主要分布于西藏和青海，化工级矿石主要分布于内蒙古和甘肃，耐火级矿石主要分布于新疆。如果西部地区的基础设施得不到改善，要充分开发利用这部分铬铁矿资源将会有很大的障碍；按照目前约20万吨的年生产能力来计算，在不考虑采矿损失率与贫化率的情况下，目前的保有储量最多也仅能维持开采20年。

由于铬铁矿是我国的短缺矿种，国内资源极其有限，目前国内消费主要依赖进口。因此，铬铁矿的矿产地战略储备尤为重要，同时应加大铬铁矿产品的储备力度。

（三）资源开发状况

截至2008年年底，全国已利用铬铁矿产地40处，已利用矿区铬铁矿查明资源储量858.4万吨，其中基础储量509.6万吨，占全部铬铁矿查明资源储量的72.8%，我国铬铁矿查明资源储量绝大部分已经开发利用。可规划利用的6处铬铁矿产地，查明资源储量77.8万吨，基础储量19.1万吨，占全部查明资源储量的6.6%。暂难利用的矿产地20处，查明资源储量242.2万吨，基础储量48.4万吨，占全部铬铁矿查明资源储量的20.6%（表3-7）。

表3-7 2008年我国铬铁矿查明资源储量利用情况

地区	已利用矿区			可规划利用矿区		
	矿区数/处	基础储量/万吨	查明资源储量/万吨	矿区数/处	基础储量/万吨	查明资源储量/万吨
全国	40	509.6	858.4	6	19.1	77.8
北京	1	0	5			
河北	2	4.1	7.1			
内蒙古	7	150.3	178.1	3	19.1	59.8
安徽	1	0	0.2			
云南	2	0.1	0.4	1		
西藏	5	172.4	271.6			
陕西	2	1.1	7.4			
甘肃	1	126.3	188.9	2		17
青海	5	0.8	28.8			
新疆	14	54.5	170.9			

资料来源：国土资源部《中国矿产资源年报2008》

四 铜矿

（一）铜矿资源总量及其构成

尽管我国是世界铜资源大国之一，铜储量在世界上排名第七，但是从总体上讲，我国铜资源依然很贫乏，尤其是缺乏富铜矿。截至2009年年底，我国铜矿查明资源储量8026.3万吨。其中，基础储量2951.0万吨，资源量5075.3万吨。富铜矿（Cu>1%）查明资源储量 1923.9 万吨，储量 522.7 万吨。

（二）铜矿资源的分布

目前，我国已查明的铜资源产地，除了天津和重庆外，在其他省（自治区、直辖市）均有不同程度的分布（表3-8）。同时，我国的铜矿资源储量分布具有明显的区域性，集中分布在江西、山西、云南、甘肃和安徽五省。五省的铜资源储量合计约占全国铜矿资源总储量的57.0%。此外，西藏和内蒙古的基础储量均接近或超过200万吨。资源量较高的是江西、云南和西藏，分别为582.6万吨、812.3万吨和1348.6万吨。富铜矿储量大省分别是安徽、甘肃、云南、新疆四省区。四省区富铜矿储量合计327.5万吨，占全国富铜资源储量的62.66%。

表 3-8 2009 年我国铜矿储量分布情况表

地区	基础储量/万吨	占全国比重/%	储量/万吨	占全国比重/%	资源量/万吨	占全国比重/%
江西	711.7	24.1	294.8	18.0	582.6	11.5
山西	272.5	9.2	198.7	12.1	132.9	2.6
云南	289.4	9.8	177.6	10.8	812.3	16.0
甘肃	178.2	6.0	150.2	9.2	174.5	3.4
安徽	203.5	6.9	108.7	6.6	176.9	3.5
黑龙江	119.6	4.1	88.3	5.4	258.3	5.1
四川	83.7	2.8	68.6	4.2	139.1	2.7
新疆	71.6	2.4	66.5	4.1	255.2	5.0
内蒙古	290.0	9.8	57.1	3.5	333.6	6.6
西藏	199.4	6.8	47.3	2.9	1 348.6	26.6
福建	83.7	2.8	40.2	2.4	122.0	2.4
青海	45.9	1.6	35.3	2.2	136.2	2.7
其他	401.8	13.6	308.1	18.8	603.1	11.9
全国	2 951.0	100.0	1 641.4	100.0	5 075.3	100.0

资料来源：国土资源部《全国矿产资源储量通报》（2009年）

从矿床规模来讲，在探明的矿产地中，大型、超大型矿床仅占3%，中型矿床占9%，小型矿床占88%；从品位来讲，我国铜矿平均品位为0.87%，品位>1%的铜储量约占全国总储量的35.9%；大型铜矿中，品位>1%的铜储量仅占13.2%。另外，我国铜矿的单一矿床仅占27%，共伴生矿占73%。

（三）资源开发状况

全国正在开采利用的铜矿区760处，开采利用区域内查明资源储量3853.29万吨，约占全国查明资源储量的49.98%。其中，基础储量1950.07万吨，约占全国基础储量的67.45%（表3-9）。可规划利用的铜矿山430处，查明资源储量2947.85万吨，约占全国查明资源储量的38.24%。其中基础储量529.51万吨，约占全国基础储量的18.32%。全国暂难利用铜矿区293处，查明资源储量908.42万吨，约占全国查明资源储量的11.78%。暂难利用的主要原因有：地理位置偏僻、交通不便；品位过低、难选、埋深；缺水、少电等。

表 3-9 2008 年我国铜矿查明资源储量利用情况

地区	已利用矿区			可规划利用矿区		
	矿区数/处	基础储量/万吨	查明资源储量/万吨	矿区数/处	基础储量/万吨	查明资源储量/万吨
全国	760	1950.07	3853.29	430	529.51	2947.85
北京	4		2.92	3		3.71
河北	14	15.22	21.99	4	0.11	0.57
山西	8	18.80	28.52	13	1.64	101.69
内蒙古	46	67.87	122.49	69	186.13	369.84
辽宁	16	12.78	18.79	1	0.36	0.38
吉林	25	8.05	12.92	17	15.89	32.62
黑龙江	8	9.75	58.46	12	109.86	314.16
上海				1		2.19
江苏	13	2.68	7.47	10	5.70	30.86
浙江	25	12.71	28.11	2		0.23
安徽	106	199.98	271.56	30	9.00	89.43
福建	26	84.40	195.12	7	0.89	7.21
江西	46	723.45	1078.07	28	4.90	224.56
山东	33	16.06	68.50	13	14.45	23.28
河南	11	7.69	15.84	8	0.01	4.89
湖北	67	128.43	193.95	15	1.18	11.42
湖南	33	33.85	50.01	9	1.36	3.01
广东	19	58.05	114.58	14	0.56	114.19
广西	36	9.24	29.71	13	0.21	8.75
海南	4	2.61	3.45	2	0.00	2.50
四川	20	73.47	149.14	20	8.38	34.55
贵州	6	0.34	1.54	4		2.76
云南	99	201.97	830.87	44	41.72	139.69
西藏	1	21.11	30.32	5	51.57	1144.28
陕西	12	13.19	38.50	15	2.79	26.85
甘肃	23	152.53	271.17	23	24.00	67.74
青海	13	1.74	25.58	9	48.80	126.58
宁夏				4		1.05
新疆	46	74.09	183.71	35	0.01	48.87

资料来源：国土资源部《中国矿产资源年报 2007》

五 铝土矿

(一) 铝土矿资源总量及其构成

总体来讲，我国铝土矿资源比较丰富。截至 2009 年年底，我国拥有铝土矿区 432 个，查明资源储量 320 261.4 万吨，比上年增长 5.6%，基础储量 83 923.9 万吨，资源量 236 337.5 万吨。

(二) 铝土矿的分布

我国铝土矿属于分布较广，又相对集中的矿产（表 3-10）。铝土矿资源和生产都比较集中在贵州、河南、广西和山西四省区。截至 2009 年年底，四省区的储量合计 45 943.8 万吨，占全国储量的 90.50%；四省区的基础储量合计 76 288.2 万吨，占全国基础储量的 90.90%；资源量合计 210 961.8 万吨，占全国的 89.26%。

表 3-10 中国铝土矿资源储量及分布情况

地区	基础储量/万吨	占全国比重/%	储量/万吨	占全国比重/%	资源量/万吨	占全国比重/%
贵州	20 430.6	24.34	14 228.2	28.03	30 900.7	13.07
河南	21 811.8	25.99	10 894.2	21.46	53 501.7	22.64
广西	22 573.4	26.90	10 656.7	20.99	38 594.9	16.33
山西	11 472.4	13.67	10 164.7	20.02	87 964.5	37.22
重庆	3 639.1	4.34	2 732.1	5.38	2 548.7	1.08
云南	1 971.3	2.35	1 446	2.85	8 282.3	3.50
陕西	725.9	0.86	498.1	0.98	572.2	0.24
其他	1 299.4	1.55	146.9	0.29	13 972.5	5.91
全国	83 923.9	100.00	50 766.9	100.00	236 337.5	100.00

资料来源：国土资源部《全国矿产资源储量通报》(2009 年)

我国铝土矿除了分布集中外，大、中型矿床居多。但我国铝土矿质量比较差，加工比较困难。耗能大的一水硬铝石型占全国总储量的 98% 以上。在保有储量中，一级矿石只占 1.5%（Al/Si≥12），二级矿石（Al/Si≥9）占 17%，三级矿石（Al/Si≥7）占 11.3%，四级矿石（Al/Si≥5）占 27.9%，五级矿石（Al/Si≥4）约占 18%，六级矿石（Al/Si≥3）约占 8.3%，其余为不明级别的矿石。

(三) 资源开发状况

截至 2008 年年底，全国已开采利用的铝土矿区 117 处，占用查明资源储量 7.86 亿吨，约占全国查明资源储量的 25.1%，其中基础储量 3.78 亿吨，占全国基础储量的 51.43%。可规划利用的铝土矿区 176 处，查明资源储量 19.03 亿吨，约占全国查明资源储量的 60.75%。暂难利用铝土矿区 132 处，查明资源储量 4.43 亿吨，约占全国查明资源储量的 14.15%（表 3-11）。

表 3-11 2008 年我国铝土矿查明资源储量利用情况

地区	已利用矿区			可规划利用矿区		
	矿区数/处	基础储量/万吨	查明资源储量/万吨	矿区数/处	基础储量/万吨	查明资源储量/万吨
全国	117	37 750.1	78 580.7	176	33 590.3	190 283.7
河北	11	393.8	2 171.3	1		101.9
山西	8	5 355.1	8 416.8	70	5 805.8	90 674.1
辽宁	1		112.0			
福建	1	65.0	65.0			
江西				1		41.1
山东	9	363.3	2 202.6	3		935.5
河南	38	16 043.3	39 933.3	31	3 707.0	20 013.4
湖北	2	53.1	213.2	2	191.1	371.3
湖南	2	176.1	176.1			
广西	3	6 490.9	65 867.8	12	7 017.6	36 064.3
海南				1		1 471.1
重庆	1	2 786.7	2 786.7	8	755.1	2 241.5
四川	1		529.5	1		4.8
贵州	29	5 672.9	9 638.5	37	14 493.5	35 683.4
云南	9	350.0	5 629.2	7	893.9	1 603.8
陕西	1		64.5	2	726.3	1 077.5
新疆	1		55.3			

资料来源：国土资源部《中国矿产资源年报 2008》

六 镍矿

（一）镍矿资源总量及其构成

截至 2009 年年底，全国查明镍矿产地 135 处，镍矿查明资源储量 844.2 万吨，其中基础储量为 281.8 万吨，资源量 562.4 万吨。

（二）镍矿资源分布

镍矿资源的分布高度集中。就大区来看，主要分布在西北、西南和东北。从省份来看，主要集中在甘肃，2009 年甘肃的镍储量达到 207.5 万吨，占全国总量的 85.43%，另外陕西和吉林分别有 13.0 万吨和 7.2 万吨的储量（表 3-12）。

从矿石类型上看，我国镍矿以铜镍硫化物型矿床为主、共伴生矿产多、综合利用价值高。我国硫化铜镍矿占全国总保有储量的 86%，红土镍矿占全国总保有储量的 9.6%。

表 3-12　2009 年我国镍矿资源储量分布情况表

地区	基础储量/万吨	占全国比重/%	储量/万吨	占全国比重/%	资源量/万吨	占全国比重/%
甘肃	228.0	80.91	207.5	85.43	198.1	35.22
陕西	16.3	5.78	13.0	5.35	13.5	2.40
吉林	8.5	3.02	7.2	2.96	10.0	1.78
云南	2.0	0.71	1.6	0.66	80.6	14.33
四川	1.4	0.50	1.0	0.41	67.8	12.06
湖南	1.1	0.39	0.2	0.08	1.7	0.30
广西	0.3	0.11	0.1	0.04	5.4	0.96
其他	24.2	8.59	12.3	5.06	185.3	32.95
全国	281.8	100.00	242.9	100.00	562.4	100.00

资料来源：国土资源部《全国矿产资源储量通报》（2009 年）

（三）资源开发状况

截至 2008 年年底，全国已利用的镍矿区有 42 处，占用查明资源储量 587.05 万吨，约占全国查明资源储量的 70.89%，其中基础储量 249.87 万吨，占全国基础储量的 87.20%（表 3-13）。主要开采矿山是甘肃白家嘴子Ⅰ号、Ⅱ号矿区，以及吉林红旗岭一号和七号岩体、新疆喀拉通克一矿区、新疆黄山和黄山东矿区。

表 3-13　2008 年我国镍矿查明资源储量利用情况

地区	已利用矿区			可规划利用矿区		
	矿区数/处	基础储量/吨	查明资源储量/吨	矿区数/处	基础储量/吨	查明资源储量/吨
全国	42	2 498 748.78	5 870 453.35	46	199 728.37	1 156 905.9
河北	1		560			
内蒙古	2	9 622.2	15 243.25	5	1 587.69	19 514.03
吉林	8	111 246.13	167 004.18	8	12 226	52 637
浙江	3		2 301.84			
江西	1		91 740	1		162 798
湖南	1	915	10 863	1	8 104.38	9 102.17
广西	5	1 883	30 368.3	1	713.5	4 085.9
海南	2	1 649	1 951	1	57	62
四川	1		2 564	5	12 702.8	302 651.36
贵州				14		59 450.34
云南	5	19 239	544 282	7	1 671	78 208
陕西	1		143			
甘肃	2	2 205 637.3	3 887 232.18	2	162 666	461 677
青海	4	30 017	166 790.92			
新疆	6	118 540.15	949 406.68	1		6 720.1

资料来源：国土资源部《中国矿产资源年报 2008》

可规划利用的镍矿区 46 处，查明资源储量 115.69 万吨，约占全国查明资源储量的 13.97%，其中基础储量 19.97 万吨，约占全国基础储量的 6.97%。可利用矿产地中较为重要的是甘肃白家嘴子铜镍矿三矿区和新疆喀拉通克二矿区。暂难利用镍矿山40处，查明资源储量125.42万吨，约占查明资源储量的15.14%。

七 钨矿

（一）钨矿资源总量及其构成

我国是世界钨资源最丰富的国家，据《全国矿产资源储量通报》（2009年），截至2009年年底，我国有钨矿区396个，钨查明资源储量（WO_3）571.0万吨，其中储量94.9万吨，基础储量228.7万吨，资源量342.3万吨。

黑钨矿查明资源储量133.3万吨，其中储量23.9万吨，基础储量44.5万吨，资源量88.8万吨；白钨矿查明资源储量382.0万吨，储量58.8万吨，基础储量166.7万吨，资源量215.3万吨；混合钨矿查明资源储量55.9万吨，其中储量12.2万吨，基础储量17.7万吨，资源量38.2万吨。

（二）钨矿资源的分布

我国钨矿资源分布比较集中，集中在湖南、江西、河南和福建，四省基础储量合计197.9万吨，占全国的86.5%；储量合计82.0万吨，占全国的86.4%（表3-14）。

表3-14 2009年我国钨矿资源储量分布情况

地区	基础储量/万吨	占全国比重/%	储量/万吨	占全国比重/%	资源量/万吨	占全国比重/%
江西	45.4	19.85	32	33.72	59.9	17.50
河南	33.2	14.52	25.5	26.87	11.2	3.27
湖南	105.7	46.22	13.1	13.80	81.7	23.87
福建	13.6	5.95	11.4	12.01	16.3	4.76
黑龙江	4.9	2.14	3.6	3.79	14.6	4.27
甘肃	5.3	2.32	3.2	3.37	34	9.93
云南	4.6	2.01	2.4	2.53	13.9	4.06
内蒙古	4.7	2.06	1.8	1.90	13.9	4.06
广东	2	0.87	0.9	0.95	32.9	9.61
广西	7.2	3.15	0.3	0.32	24.4	7.13
其他	2.1	0.92	0.7	0.74	39.5	11.54
全国	228.7	100.00	94.9	100.00	342.3	100.00

资料来源：国土资源部《全国矿产资源储量通报》（2009年）

黑钨矿主要集中在江西，储量为18.1万吨，占全国黑钨矿储量的75.7%；基础储量为26.9万吨，占全国的60.4%。除江西以外，内蒙古、湖南、广东和广西也拥有部分黑钨矿。

白钨矿主要集中在河南（25.5 万吨）、江西（13.2 万吨）和湖南（11.0 万吨），三省储量合计 49.7 万吨，占全国白钨矿储量的 84.52%；

另外，甘肃北祁连地区钨矿前景看好，近年来发现小柳沟大型-特大型钨矿 1 处，提交钨资源量 21 万吨，发现矿产地 4 处，外围发现了大量的钨矿化信息，预计该区钨资源量在 100 万吨以上，进一步找矿潜力巨大。

（三）资源开发状况

钨是我国传统优势矿产，开发利用程度较高。截至 2008 年年底，已利用矿区 236 处，占用查明资源储量 465.50 万吨，占总查明资源储量的 83.0%。其中基础储量 225.73 万吨，占总基础储量的 96.0%。

目前我国钨矿的开发利用主要集中在湖南和江西，两省区已开发部分占全国开发利用查明资源储量的 60%。此外，已利用查明资源储量较多的省区还有河南、福建、广东、广西、云南和内蒙古等（表 3-15）。

表 3-15　2008 年我国钨矿查明资源储量利用情况

地区	已利用矿区			可规划利用矿区		
	矿区数/处	基础储量/吨	查明资源储量/吨	矿区数/处	基础储量/吨	查明资源储量/吨
全国	236	2 257 301	4 655 000	60	58 604	508 402
湖南	48	1 067 891	1 849 671	7	5 560	54 956
江西	69	452 997	939 743	16	7 714	70 888
河南	3	348 585	457 937			
广西	15	71 326	249 813	3	625	59 245
福建	11	137 094	301 483	0	0	0
广东	37	23 570	259 818	3	96	1 515
云南	19	49 358	199 703	2	0	15 594
黑龙江	2	30 087	66 828	4	18 743	126 045
内蒙古	9	25 453	84 591	11	23 146	89 658
甘肃	3	31 668	154 668	2	0	2 015
湖北	4	5 620	41 443	1		6 579
山东	1	334	630	1		46 465
安徽	2	6 285	17 908	2	2 403	23 423
青海	3	0	18 529	0	0	0
浙江	5	6 751	10 238			
新疆	1	0	117	3	0	6 533
贵州				1		2 649
海南				1	317	1 530
吉林	2	272	1 263	0	0	0
北京	1		433	1		684
辽宁				2	0	623
四川	1	11	185			

资料来源：国土资源部《中国矿产资源年报 2007》

可规划利用矿区60处，查明资源储量50.84万吨，占总查明资源储量的9.1%，其中基础储量5.86万吨，占总基础储量的2.5%。钨矿主要集中在黑龙江、内蒙古、江西、广西、湖南和山东6省区，占全国可规划利用查明资源储量的88.0%。

暂难利用矿区92处，合计查明资源储量44.83万吨，占总查明资源储量的8%。暂难利用原因主要有外部建设条件差，选矿技术不过关，地质工作程度不够，矿体小、散等。

八 稀土（略）

稀土是我国战略性矿种，其信息属于敏感信息，从国家安全角度考虑，予以略去。如有需要，请联系作者。

九 锑矿

（一）锑矿资源总量及其构成

我国是锑资源大国和生产大国，资源量占世界锑资源总量的50%以上，查明资源储量、产量均居世界第一位。截至2009年年底，全国查明锑矿产地171处，资源量190.3万吨，基础储量76.5万吨，其中储量47.0万吨，累计查明资源储量267万吨。

（二）锑矿资源的分布

我国锑资源储量分布高度集中，主要分布在湖南省，占全国基础储量的59.87%，储量的65.32%。资源量主要分布在广西、西藏、湖南和贵州，四省区合计131.7万吨，占全国资源量总量的69%。我国锑矿特点是大型矿床多、矿石质量好。目前，我国有大型、特大型锑矿山17处，基础储量约占全国的75%（表3-16）。

表3-16 2009年我国锑矿资源储量分布情况

地区	基础储量/万吨	占全国比重/%	储量/万吨	占全国比重/%	资源量/万吨	占全国比重/%
湖南	45.8	59.87	30.7	65.32	25.7	13.50
甘肃	6.2	8.10	3.2	6.81	16.9	8.88
云南	4.5	5.88	3.2	6.81	19.9	10.46
广西	3.0	3.92	6.4	13.62	46.6	24.49
广东	2.6	3.40	4.6	9.79	6.1	3.21
四川	1.9	2.48	2.4	5.11		

续表

地区	基础储量/万吨	占全国比重/%	储量/万吨	占全国比重/%	资源量/万吨	占全国比重/%
贵州	1.2	1.57	1.3	2.77	25.4	13.35
全国	76.5	100.00	47.0	100.00	190.3	100.00

资料来源：国土资源部《全国矿产资源储量通报》（2009年）

（三）资源开发情况

由于我国锑矿开发条件较好，又多为单锑型矿石，易选冶，因此开发程度较高，但同时也面临着查明资源储量逐年减少、后备开发基地不足的局面。截至2008年年底，我国已利用锑矿区93处，占用查明资源储量157.36万吨，约占全国锑查明资源储量的62.6%。基础储量65.29万吨，约占全国锑基础储量的88%。主要矿区为：广西南丹大厂铜坑锡铅锌矿区、河池市五圩箭猪坡、湖南新化冷水江锡矿山南矿、云南广南木利矿、贵州独山半坡和甘肃西河崖湾等（表3-17）。

表3-17 2008年我国锑矿查明资源储量利用情况

地区	已利用矿区			可规划利用矿区		
	矿区数/处	基础储量/万吨	查明资源储量/万吨	矿区数/处	基础储量/万吨	查明资源储量/万吨
全国	93	65.29	157.36	51	5.51	52.22
内蒙古	1	0.00	0.09	0	0.00	0.00
吉林	3	0.33	2.28	0	0.00	0.00
黑龙江	0	0.00	0.00	1	0.00	0.06
浙江	2	0.00	0.06	0	0.00	0.00
安徽	3	0.07	0.21	1	0.03	0.11
江西	2	0.00	0.88	1	0.00	2.69
河南	2	0.26	0.64	3	0.24	0.88
湖北	2	1.10	1.17	1	0.00	0.13
湖南	20	39.62	54.96	6	0.89	4.53
广东	5	4.33	6.74	1	1.11	4.17
广西	20	5.22	26.98	8	0.12	24.40
四川	0	0.00	0.00	2	2.37	2.40
贵州	11	1.26	15.68	9	0.03	4.15
云南	8	4.73	20.02	9	0.36	5.97
西藏	2	0.00	6.21	0	0.00	0.00
陕西	7	2.52	7.85	3	0.01	0.21
甘肃	3	5.86	13.53	5	0.35	2.44
青海	1	0.00	0.02	0	0.00	0.00
新疆	1	0.00	0.05	1	0.00	0.05

资料来源：国土资源部《中国矿产资源年报2008》

第二节 矿产地战略储备的总体布局方案

一 总体布局设计的依据

(一) 布局的基本思想

目前世界上只有少数几个国家开展过矿产地战略储备工作,但未形成较为成形的理论,储备的布局更无现成的理论可以参照。矿产地和矿产品储备的布局同产业布局息息相关,从某种意义上讲,矿产地战略储备的布局同产业布局具有一定的互补性,而矿产品储备的布局同产业布局具有一致性。因此,产业布局理论对矿产地战略储备布局有一定的参考借鉴意义。主要的产业布局理论有成本学派理论、市场学派理论、一般区位理论、生命周期理论、增长极理论和点轴理论等。

基于矿产地储备布局与国家产业布局的互补性,我们提出矿产地战略储备的"洼地"布局思想。所谓"洼地"主要有四个方面:一是指成本"洼地",同产业布局的成本理论以生产成本最低为准则来确定产业的最优区位相对应,储备的"洼地"指生产成本较高的区位;二是指市场"洼地",即远离产品的主要消费市场,对矿产资源开采来讲,意味着远离选矿和后续冶炼加工的区域;三是指经济增长"洼地",指远离经济增长的点或轴,即经济增长的点或轴不能覆盖的区位;四是环境"洼地",即储备地周边生态环境脆弱,地质灾害易发不适宜开采的地区。

(二) 国家规划

1. 国民经济和社会发展"十一五"规划纲要

《中国国民经济和社会发展"十一五"规划纲要》(以下简称《"十一五"规划》)是我国在 2006~2010 年经济和社会发展的总体规划,因此,矿产地战略储备应按照《"十一五"规划》设计布局。

2. 《全国矿产资源规划 (2008~2015 年)》

2008 年 12 月 31 日,国土资源部发布实施了《全国矿产资源规划 (2008~2015 年)》(以下简称《规划》)。《规划》根据全国矿产资源的特点,对今后一段时期内我国矿产资源的调查评价与勘查、开发利用与保护、矿山环境的保护与恢复治理等做出了总体安排和布局,是依法审批和监督管理矿产资源勘查、开采活动的重要依据。矿产地战略储备应服从服务于全国矿产资源规划。

《规划》提出，到2020年完成重要矿产地战略储备40~50处，重点加强西部地区已查明矿产资源储量的矿产地战略储备。以整装大、中型矿区（床）为对象，建立10~20个大中型特殊煤种和稀缺煤种井田储备。钨、锡、锑、稀土等按国家规定实行保护性开采特定矿种的重要矿产地战略储备，建立10~30个大中型矿产地战略储备。启动山西、内蒙古、湖南、江西、云南、青海等优势矿产资源富集地区矿产地战略储备调查评价与勘查。

《规划》明确了重点开采区、鼓励开采区、限制开采区和禁止开采区的内涵和政策，对于矿产地战略储备的布局具有指导性作用，即少在重点和鼓励开采区内开展矿产地战略储备，将矿产地战略储备重点布局在限制开采区和禁止的开采区。《规划》还提出加强重点开采区内矿产资源规模开采和集约利用，形成一批大中型矿产资源开发基地。重点开采区指矿产资源相对集中、资源禀赋和开发利用条件好的地区。

3. 全国地质勘查规划

国土资源部为了加强对全国地质勘查的宏观指导，正确引导地质勘查工作布局和结构调整，全面增强资源保障能力和服务功能，制定了《全国地质勘查规划》，对2010年和2020年的地质勘查工作分别进行了布局和安排。这个时期新发现的矿产地是矿产地战略储备最为重要的资源依据，同时也是储备矿产地调整的重要依托。

4. 单矿种产业发展规划

目前，我国已就某些矿种，如煤炭制订了自己的产业发展规划，稀土工业发展规划也即将出台，在制订矿产地战略储备布局时都应注意与这些规划衔接，协调矿产储备与产业发展的关系。

（三）自然经济条件

1. 矿床的规模及类型

由于我国地处欧亚板块的东南缘，与太平洋板块和印度洋板块相接，各地区地质环境差异较大，形成了多种类型和规模的矿床。例如，稀土有白云鄂博超大型轻稀土矿，同时还有南方的离子型中重稀土矿，煤炭有褐煤、焦煤等。根据矿产地战略储备的国际经验及自身特点，在矿产地选择上应重点考虑大、中型矿床，而不同类型的矿床，开采方式、开采成本、埋层深度、对生态的影响程度等差别较大，因此，矿床的类型是矿产储备地选择的重要依据之一。

2. 资源品位及禀赋

贫矿多、富矿少是我国矿产资源的显著特点。在进行储备资源地选择时，必须考虑储备地的资源品位。对于优势矿种，由于资源丰富，可以储备平均品位较高的矿产地，保护优质资源；对于短缺资源，由于国内当前供应本已不足，如将优质矿石进行储备不予开采，则会增大当前经济发展的成本，因此短缺矿种的储备应以开采不经济或矿石品位处于边界品位以下的矿产地为主。

3. 地质工作程度

地质工作程度是指在一定的技术条件下，通过基础性地质工作、区域地质调查、区域矿产调查、矿产资源潜力评价、成矿远景区划和矿产勘查等一系列工作，对一定地域内矿产资源的种类、储量等的了解程度。地质工作程度越高，对矿产资源家底了解的就越清楚，也就越有利于做出合理的矿产资源规划，反之，不利于资源的统筹开发与综合利用。

对于矿产勘查的预查、普查、详查和勘探（煤炭资源称为精查）四个阶段，不同矿种资源禀赋不同，地质勘查程度也不尽相同，在进行矿产储备地选择时，应根据具体情况确定。针对短缺矿种，详查和勘探工作程度较高，前期投入成本也较大，在当前国内资源短缺情况下开展储备，既不利于国民经济持续稳定发展，也会在实施过程中面临较大阻力，因此应以预查和普查为主，在划定储备地的范围后再在储备区内进行后续勘查。对于优势矿产，目前我国所面临的形势是由于资源的大规模开发，导致过度竞争，资源价格长期过低，因此对于此类资源的储备应以普查和详查为主，结合潜力评价等因素确定。

4. 周边生态环境承载能力

矿产地战略储备的根本目标是要实现矿产资源的可持续发展。可持续不仅包含资源本身，同时还包含与矿山周边生态环境的友好，因此矿区周边生态环境的承载能力是影响储备地布局的重要因素。生态环境脆弱的地区对人类活动反应敏感，在遭受破坏后恢复起来比较困难甚至无法恢复，因此在同等条件下应优先将生态保护区列为储备矿产地。

5. 水资源与能源因素

矿产资源开发利用离不开水资源和能源的消耗，特别是许多矿产资源选冶及后续加工业都属于高耗水、高耗能工业。因此，水资源及能源与矿产资源配置组合关联度也是影响产业布局和结构的重要因素。从表3-18可以看出，我国水矿协调度地域差异很大，因此，在矿产资源储备地布局中，除了自身资源禀赋外，还需要综合考虑区域水资源、能源等条件。

表 3-18　2008 年全国各省区水矿协调度

地区	省区	水资源量占全国比重/% A	44种主要矿产资源储量价值占全国比重/% B	协调度 A/B
东部地区	北京	0.12	0.30	0.39
	天津	0.07	0.04	1.71
	河北	0.59	2.36	0.25
	上海	0.13	0.00	47.43
	江苏	1.38	0.75	1.84
	浙江	3.12	0.05	64.54
	福建	3.78	0.23	16.10
	山东	1.20	7.71	0.16
	广东	8.04	0.36	22.22
	海南	1.53	0.06	26.70
	合计	19.96	11.87	1.68
中部地区	山西	0.32	16.36	0.02
	安徽	2.55	2.83	0.90
	江西	4.94	0.42	11.68
	河南	1.35	2.05	0.66
	湖北	3.77	0.87	4.32
	湖南	5.83	0.93	6.27
	合计	18.76	23.47	0.80
西部地区	内蒙古	1.50	21.09	0.07
	广西	8.32	0.69	12.00
	重庆	2.10	0.39	5.41
	四川	9.08	3.80	2.39
	贵州	4.16	3.45	1.21
	云南	8.44	2.87	2.94
	西藏	16.62	0.25	66.76
	陕西	1.11	10.24	0.11
	甘肃	0.68	1.15	0.59
	青海	2.40	1.53	1.57
	宁夏	0.03	2.11	0.01
	新疆	2.97	12.15	0.24
	合计	57.41	59.74	0.96
东北地区	黑龙江	1.68	1.78	0.94
	吉林	1.21	0.48	2.54
	辽宁	0.97	2.66	0.36
	合计	3.86	4.92	0.78
全国	总计	100.00	100.00	1.00

注：由《2009中国统计年鉴》水资源数据、《2008国土资源统计公报》储量数据及矿产品价格计算所得

6. 共（伴）生矿产及开发条件

共（伴）生矿多、单一矿少，是我国矿产资源的另一显著特点。在我国的铜矿床中，单一矿仅占27%，其余73%均为共（伴）生矿，含有多种有益组分。因此，矿产地战略储备布局时不仅要考虑主矿（拟储备矿种）的规模、品位等

指标，同时要兼顾共（伴）生矿的各项指标，特别是开发的技术经济条件是否成熟，以免开采一种矿的同时造成另一种矿产资源的浪费。因此，同等条件下较难同时开发利用的矿区优先列为储备矿产地。

（四）经济行为的影响

1. 目前矿山开采及冶炼能力建设情况

新中国成立以来，经过60多年的发展，我国已经建成了比较完备的工业体系，根据各矿种自身资源的分布状况，形成了一批保证我国经济建设所需要的原料基地。例如，湖南、广西的锰矿原料基地，西藏的铬矿基地，七大铜生产基地（江西铜基地、云南铜基地、白银铜基地、东北铜基地、铜陵铜基地、大冶铜基地、中条山铜基地），五大铝土矿生产基地（河南、山西、贵州、山东、广西），四大镍矿基地（甘肃金川镍矿、吉林红旗岭镍矿、新疆喀拉通克铜镍矿、云南白马寨铜镍矿）等。矿产地战略储备布局，必须考虑已有的矿山生产及冶炼能力。将距离开采或冶炼企业较近的矿产地列为储备地，而开发较远的矿产地，不仅增加矿石的运输成本，而且闲置已有生产或冶炼能力，造成重复建设等浪费。因此，应尽可能地保证现有选冶基地的生产，选择超出选冶技术经济边界的矿产地进行储备。

2. 对矿产地经济发展的贡献

对矿产地经济发展的贡献主要是指区域内矿产资源的采选冶及深加工产业，最终对当地经济发展的贡献度。主要体现在对当地就业和经济增长的贡献，可用区域矿业从业人员占整个区域就业人口的比重及矿业工业增加值占GDP的比重两项指标来反映。通常来讲，经济欠发达地区资源开发对经济增长的边际效应要大于产业结构比较完备的地区，因此，同等条件下，应优先考虑经济结构比较完备的地区进行储备。

3. 基础设施完备程度

基础设施是指为社会生产和居民生活提供公共服务的物质工程设施，是用于保证国家或地区社会经济活动正常进行的公共服务系统。就矿产资源的开发来讲，主要包括能源动力和交通运输两大类。如果能源动力供应充足，交通条件便利意味着矿产资源的开发条件比较好，将此类矿产地战略储备起来的机会成本大，同时，若开采能源动力不足、交通运输受限的矿产地，则会付出较大的前期投入，因此在选择储备地时应优先考虑基础设施不完备的地区。

4. 开发成本

开发成本是资源开发的采矿、选矿两环节成本的综合指标，反映特定区域内某矿种采矿和选矿的总成本情况。开发成本受当前的科学技术水平（采矿水平、选矿水平），矿产自身资源禀赋，人力成本等多种因素影响。综合来讲，优势战略矿产应储备矿产资源开发成本低或较低的区域，而短缺矿产主要储备开发成本较高、难开采的区域。

（五）数据资料的可得程度

数据资料的翔实与否直接影响矿产资源储备地选择的合理性和可靠程度。详尽的数据资料是进行下一步研究的基础条件，储备地布局设计需要以可获得的数据资料为基础，按照条件逐个逐项筛查，最终确定储备矿区（床）。

目前可得的数据主要包括各省（区、市）目前上报的、愿意划为矿产地战略储备的矿区（床）和地质大调查（1999～2009年）新发现的大、中型矿产地。在试点阶段本着操作性强、简单易行、易于总结推广等原则，进行矿产地战略储备的布局。

二 总体布局

矿产地战略储备的布局是一项系统工程，受多方面因素制约。在矿产地战略布局设计中应遵循一定的程序，逐步缩小范围，最终找出合适的储备地。由于矿产地战略储备的目的是保障国家安全、增强资源话语权、保护矿产资源，实现资源均衡有序配置，减少资源开发的浪费和环境代价，促进可持续发展、调控矿产资源市场。几个目的既相互联系又各有侧重，因此在布局时要针对不同的储备目的，设计不同类型的矿产地战略储备布局。

保障国家安全型储备地，主要是为了满足国家中长期发展对特殊矿种的基本需求，特别是尖端科技的需求，或在遭到长期的境外封锁禁运情况下，可保障国内供应的矿产地。国家安全主要包括国防安全和经济安全两方面。国防安全主要涉及"三稀"（稀土、稀散、稀有金属），镍，铬，钨，锰等在军事上有重要地位的战略矿产；经济安全主要包括大宗矿产如铜、铝等。由于保障安全型矿产地所应对的情况比较特殊，因此要求储备的矿产地勘查程度较高，能较为准确地掌握储备区域内的矿产，应达到详查或勘探的程度，主要针对已储备的矿产地在后续勘查过程中发现的优质区域，结合重要消费地区和运输条件综合确定。在规模上应达到储备总规模的20%。地域分布应集中在资源禀赋较好，相关下游冶炼加工产业比较发达，交通条件比较便利的地区，同时在重要消费地区进行适当的产品储备。

保护资源型储备地，主要是由于品位较低，在当前技术条件下开采不经济，容易造成采富弃贫等浪费现象，或外部生态环境比较脆弱、水资源缺乏、基础设施建设程度较低、近期不适宜开发的矿产地。此类储备地的目的主要有两个：一是保护资源本身、避免开发不经济和浪费现象；二是保护资源的同时保护周边的生态环境，避免在开采资源的同时对周边的生态和环境造成破坏。在勘查程度上主要应以预查或普查为主，规模在储备总量的40%左右。主要包括新发现的矿产地和深部资源。在地域分布上重点应向西部地区倾斜，实现西部在保护中开发，在开发中保护的目标。

规划开发型储备地，主要指当前经济技术条件下开采经济（或边际经济），周边生态环境可承受能力强，基础设施完备而进行储备的矿产地。该类型储备地主要目标是配合我国产业结构调整，淘汰落后产能的需要，对近期可供开发的矿产地统一规划，避免集中开发造成新一轮的产能过剩。通过资源的高效统一开发，逐步增强我国在世界矿产资源市场的话语权，特别是稀土、钨等传统优势矿产和铁、铜等大宗资源的话语权。主要包括通过矿权回购形成的矿产地和新发现的矿产地，在勘查程度上要求较高，能较为准确地掌握储备区域内的矿产，应达到详查或勘探的程度。此类储备规模应占储备总量的40%左右。

（一）煤炭

我国煤炭资源主要分布在山西、陕西、内蒙古、新疆等省区，稀缺煤种（主要为炼焦用煤）主要分布在山西，综合考虑地方的储备意愿、地质调查新发现矿产地、当前资源开发利用状况、可规划利用矿区和暂难利用矿区的规模及分布，设计煤炭资源的储备布局。内蒙古自治区是我国煤炭查明资源储量增长较快的地区。内蒙古地处西部，环境承载能力差；离煤炭主要消费地远，运力受限。过度开发既破坏了环境又不能创造最佳的经济效益，因此可以作为重要的矿产地战略储备地区。可储备保障安全型储备地1处，保护资源型储备地和规划开发型储备地各2处。其中保障安全性储备地要求达到精查阶段，且开采简单，交通便利，能够在3年内形成产能；保护资源性储备地主要为新发现的目前开采不经济、周边基础设施不完备的井田以及深部（1000米以下）资源；规划开发储备地主要指目前已在开采或做了规划但还未开采的井田。

山西作为我国煤炭资源大省，不仅优质动力煤丰富，也拥有全国80%以上的稀缺煤种资源，规模大、资源条件好，也属于重要的矿产地战略储备地区。可在山西省储备4~8处优质、稀缺煤种矿产地。其中，保障安全型和规划开发型储备地各2处，保护资源型储备地0~4处。

陕西在我国煤炭资源同样具有重要地位，也是储量增长较快的地区，资源规模大，同时地处西部。可储备1~2处矿产地，其中保障安全型储备地1处，保护资源型0~1处。

新疆是我国煤炭资源大省，同样也是储量增长较快的地区，资源规模大，地处西部。可储备2处超大型矿产地，其中，规划开发型和保护资源型各1处。

贵州、山东和安徽虽然资源禀赋低于晋、陕、蒙、新四省区，但稀缺煤种有相当分布，同时，也是暂难利用矿区所在地，因此各省可储备保护资源型矿产地 1 处（表 3-19）。

表 3-19　煤炭矿产地战略储备总体布局

储备目的	地区	矿种	数量	选取依据
保障安全	内蒙古	动力煤	1	①规模大；②交通便利；③工作程度高；④未利用
	山西	焦煤	2	①稀缺煤种；②交通便利；③工作程度高；④未利用
	陕西	动力煤	1	①规模大；②交通便利；③工作程度高；④未利用
规划开发	内蒙古	动力煤	2	①规模大；②通公路；③边际经济；④影响力强
	山西	动力煤	2	①稀缺煤种；②规模较大；③影响力强
	新疆	动力煤	1	①规模大；②通公路；③开发边际经济
保护资源	内蒙古	动力煤	2	①规模大；②环境承载力低；③水资源缺乏；④开发不经济
	山西	焦煤 动力煤	4	①规模大；②环境承载力低；③开发不经济
	陕西	动力煤	0～1	①规模大；②环境承载力低；③开发不经济
	贵州	动力煤	1	①规模大；②环境承载力低；③开发不经济；④硫分高
	新疆	动力煤	1	①规模大；②环境承载力低；③开发不经济
	山东	焦煤	1	①规模大；②环境承载力低；③开发不经济
	安徽	焦煤	1	①规模大；②环境承载力低；③开发不经济

（二）稀土（略）

（三）铜储备基地布局

尽管我国是世界铜资源大国之一，铜储量在世界上排名第七，但总体上我国铜资源依然贫乏，尤其是缺乏富铜矿，2009 年我国富铜矿查明资源储量为 1923.9 万吨（Cu>1%），只占总资源量的 24%。我国的铜矿资源储量分布具有明显的区域性。主要集中分布在江西、山西、安徽、云南和甘肃五省，它们的铜资源储量合计约占全国铜矿资源总储量的 63.64%。就基础储量来讲，主要分布在江西、山西、内蒙古、安徽、云南、西藏和甘肃，基础储量均接近或超过 200 万吨；资源量较高的是江西 582.6 万吨、云南 812.3 万吨和西藏 1348.6 万吨。富铜矿的储量主要集中安徽、云南和甘肃，资源量主要集中在江西、云南、西藏和甘肃。基础储量指标是一种可预见的资源增长潜力的体现，而资源量是未来可能的资源增长潜力。综合以上分析，结合《全国矿产资源规划》我们可将江西、内蒙古、云南、西藏、甘肃五省区划为铜矿储备省区，其中云南、西藏和甘肃作为富铜矿储备省区。

根据国土资源大调查矿产资源调查评价成果，1999～2005 年相继发现并评价了西藏驱龙铜矿、朱诺铜矿、吹败子铜矿、多不杂铜矿、云南普朗铜矿、羊拉铜矿、新疆土屋-延东铜矿等一批具有大型、特大型规模的铜矿床，累积探获铜资源量 2868 万吨。西藏冈底斯地区、云南中甸地区和新疆哈密地区等几个国家级铜矿勘查开发基地正在形成,因此可将西藏冈底斯铜金钼矿集区、三江南段和新疆东天山地区列为铜矿储备基地。

其他省区根据实际地质工作具体确定储备基地。

(四) 铝土矿储备地布局

我国铝土矿分布相对集中。资源和生产都比较集中在山西、广西、贵州和河南四省区。截至2009年年底,四省区的查明资源储量合计287 250万吨,占全国查明资源储量的89.7%;四省区的基础储量合计76 288.2万吨,占全国基础储量的90.9%;储量合计45 943.8万吨,占全国的90.5%;资源量合计210 961万吨,占全国的89.2%。因此,可将山西、河南、广西和贵州四省作为铝土矿重点储备省区。

(五) 锰储备基地布局

我国锰矿资源分布比较集中,具有开发利用和工业经济价值的锰矿主要分布在桂西南,湘、黔、渝"锰三角"地区,贵州遵义地区,辽宁朝阳地区,滇东南地区,湘中地区,湘南永州地区和陕西汉中-大巴山地区。其中,富锰矿主要集中在湖南、广西和云南三省区。我国锰矿石质量差,高硅、高磷、高铁的锰矿石比重高,矿石结构复杂、粒度细,目前的技术水平条件下难选冶。因此,应尽量的保护国内有限的锰资源在经济技术允许的条件下再开发。综合分析,可将湖南、广西和云南三省区作为锰矿的储备基地,具体矿区需结合实际地质勘查进展情况进一步确定。

(六) 铬储备基地布局

铬铁矿主要用来生产铬铁合金和金属铬。铬铁合金作为钢的添加料可生产多种高强度、抗腐蚀、耐磨、耐高温、耐氧化的德特种钢,如不锈钢、耐酸钢、耐热钢、滚珠轴承钢、弹簧钢、工具钢等。金属铬主要用于与钴、镍、钨等元素冶炼特种合金。这些特种钢和特种合金是航空、宇航、汽车、造船,以及国防工业生产枪炮、导弹、火箭、舰艇等不可缺少的材料。铬矿是我国的短缺矿种,国内资源极其有限,目前国内消费主要依赖进口。因此,铬铁矿的储备尤为重要。

据《全国矿产资源储量通报》(2009年),截至2009年年底,我国有铬铁矿区67处,拥有储量122.4万吨(矿石,下同),基础储量522.5万吨,资源量628.5万吨,查明资源总量1151.0万吨。其中富铬矿($Cr_2O_3>32\%$)只占全国总储量的34.8%。我国铬铁矿主要分布在西藏(5.30万吨)、内蒙古(11.6万吨)、新疆(31.1万吨)、甘肃(73万吨)四省区,四省区合计占总储量的99%。可将西藏、内蒙古、新疆、甘肃四省区划为储备基地,对其资源进行保护性开发,同时加大铬铁矿产品的储备力度。

(七)镍储备基地布局

镍是发展现代航空工业、国防工业和提高生活质量不可缺少的金属,用于制造不锈钢、高镍合金钢和合金结构钢,从而发展飞机、雷达、导弹、坦克、舰艇、宇宙飞船原子反应堆等各种军工制造业。在民用工业中,用于制造结构钢、耐酸钢、耐热钢等,发展机械制造业。

我国镍矿以铜镍硫化物型矿床为主、共伴生矿产多、综合利用价值高。截至2009年年底,全国查明镍资源产地135处,镍查明资源储量844.2万吨,其中基础储量为281.8万吨;我国镍资源集中分布在甘肃(储量为207.5万吨,甘肃占全国储量的85.4%)和陕西、吉林、新疆,四省区的镍储量237.6万吨,占全国总储量的97.8%。由于80%以上的基础储量都集中在甘肃,因此可将该省划为镍资源储备地,具体矿区需结合实际地质勘查进展确定。

(八)钨储备基地布局

钨及其合金是现代工业、国防工业及高新技术应用中极为重要的功能材料之一,广泛应用于航天、原子能、船舶、汽车、电气工业、电子工业等多领域。特别是含钨高温合金主要应用于燃气轮机、火箭、导弹及核反应堆的部件,高比重钨基合金则用于反坦克和反潜艇的穿甲弹头。我国钨既属于战略性矿产,又属于优势非能源重要矿产。

我国是世界钨资源最丰富的国家。截至2009年年底,我国有钨矿区396个,查明钨资源储量(WO_3)571万吨,其中,储量基础228.7万吨,储量94.9万吨。我国钨资源主要集中于湖南(查明资源储量187.4万吨)、江西(105.3万吨)、河南(44.4万吨)、甘肃(39.3万吨)、广西(31.6万吨)、广东(34.9万吨)和福建(29.9万吨)7省区,其查明资源储量合计占全国的82.8%。拟将湖南、江西、河南和甘肃四省作为重点储备省区。

甘肃北祁连地区钨矿前景看好,近年来评价了小柳沟[①]大型—特大型钨矿1处,提交钨资源量21万吨,发现矿产地4处,外围发现了大量的钨矿化信息,预计本区钨资源量在100万吨以上,进一步找矿潜力巨大。因此可将其作为钨

---

① 位于肃南县祁青乡。

矿重点储备基地。

（九）锑储备基地布局

锑是电和热的不良导电体，在常温下不易氧化，有抗腐蚀性。锑在合金中的主要作用是增加硬度，常被称为金属或合金的硬化剂。锑及锑化合物首先应用于耐磨合金、印刷铅字合金及军火工业。随着科学技术的发展，现在已被广泛用于生产各种阻燃剂、搪瓷、玻璃、橡胶、涂料、颜料、陶瓷、半导体元件及化工等部门产品。

锑是我国的传统优势矿产，其特点是储量丰富、矿床多、规模大、分布高度集中。截至2009年年底，我国共发现锑矿区171个，基础储量76.5锑万吨，其中储量47锑万吨。主要分布在湖南省，占全国基础储量的60%，储量的65%。资源量主要分布在广西、西藏、湖南和贵州，四省区合计131.7万吨，占全国资源量总量的69%。根据分布情况，可将基础储量最大的湖南省、资源量最大的广西作为锑资源储备地，具体矿区需结合实际地质勘查进展确定。

第三节 矿产地战略储备布局的调整机制

一、储备布局的调整思路及原则

（一）储备布局的调整思路

最终进行储备的矿产地是基于规划、资源条件、经济发展程度，以及可得的数据资料和资源规模确定的，任何一个方面的较大变化都会影响储备地布局变化。因此，矿产地战略储备的布局是动态的，需要根据客观条件的变化进行动态调整。

矿产地战略储备不同于矿产品储备，不能对突发事件做出快速反应，其最大的优势是保障资源的长期均衡供应，提高资源开发利用价值。矿产地战略储备服从并服务于国家的总体发展规划，同时也具有自身的战略目的。因此，调整的周期不能过短、频率不能过快。在我国，应与五年规划保持一致，即每5年进行一次评估，制定《矿产地战略储备专项规划》，设计调整方案。

（二）矿产地战略储备布局的调整原则

1. 循序渐进原则

矿产地战略储备布局是综合多种因素后设计的。因此，布局一旦确定，就有一定的持续性，不宜频繁调整。但随着国民经济以及科学技术的发展，影响储备的各项因素可能发生变化，如国内供需形势、矿产地的开发条件和开发利用的关键技术，基础设施等发生大的变化，矿产地战略布局也因此需要适当的调整，但调整需要循序渐进，保持矿产地战略储备的相对稳定。

2. 统筹兼顾原则

统筹兼顾是指在矿产地战略储备调整过程中，既要满足调整期经济发展的需要，又要保护资源，满足长期发展的需要；既要实现调整目标，又要兼顾地方利益；既要考虑生态环境因素，又要兼顾资源供给。因此，矿产地战略储备的调整要统筹兼顾。

3. 谨慎性原则

矿产地战略储备具有较长时间内限制或禁止开发的特点，一旦列入矿产地战略储备范围，不仅影响矿产地当期的经济发展，也影响未来一段时间相关及后续产业生产布局的调整，这些影响是双向的，既有负相关，也有正相关。短期以负相关为主，长期与经济社会发展则是正相关。因此，矿产地战略储备的调整要谨慎，须经过充分的论证。

二 储备布局的调整条件及调整程序

（一）储备布局的调整条件

矿产地储备布局的调整受资源供需形势变化、替代资源的出现、采选成本（技术）变化、环境承载力变化，以及基础设施改善、地质工作重大发现等因素影响，根据不同的变化方向，需调入和调出矿产地（表3-20）。

表3-20 储备布局调整条件

重大变化	调入	调出
供需形势	供大于求，资源浪费严重，国际可得性强	资源供应严重紧缺，严重阻碍经济发展
替代资源	替代资源出现并广泛应用	替代资源成本过高
采选冶技术	长时间开采，资源贫化，继续开采不经济	采选冶技术发生重大进步，资源回收率大幅提高，成本大幅度降低
环境承载力	水资源缺乏、环境承载力脆弱	环境承载力有较大改善，达到可开采程度
基础设施	基础设施受到严重破坏，短时期内无法恢复	基础设施比较完备，达到可开采水平
地质工作进展	新发现更适宜储备的矿产地或原储备地资源证实大幅减少	原储备地资源证实有较大提高

1. 资源供需形势发生根本性变化

资源供需形势主要有三种情况，一是原来具有优势地位的矿种优势消失，资源的供应不能满足国民经济持续发展对资源的需求,同时可开采资源的开采成本又大幅度提高,这种情况下需调出储备的优质矿产地,以满足经济发展的需求;二是资源供应大于国内需求时,为避免资源的恶性竞争造成资源贱卖事件的发生,中央需对矿产资源的开发节奏进行适当的控制,适时增加矿产地战略储备;三是供需基本平衡,为了保持经济平稳运行和供需平衡状态,新发现的矿产地理论上应该全部储备,但为了配合产业结构调整和经济发展方式转变,在地域结构上可以进行调整。

2. 替代资源的出现并广泛应用

矿产资源之所以要进行储备,主要是因为矿产资源是一种可耗竭资源,为保证国民经济的可持续发展,储备资源可以保证持续均衡供应。但这是建立在无可替代资源的前提下,如果有成熟的技术生产出经济适用的替代产品,将大大减缓矿产资源的压力,因此可根据替代规模的大小释放部分储备矿产地。

3. 采选冶成本(技术)发生重大变化

成本的变化主要有三方面:一是随着科学技术的发展,采选冶技术有重大进步,以前因开采不经济的储备矿产地,变为经济可采,可以从储备地中调出;二是就目前正在开采的主要矿山(矿区)来讲,经过多年连续开采,优质的矿产资源已开采殆尽,继续开采则会面临开采成本大幅度上升,开采不经济、浪费资源和破坏环境的不利局面,因此需将其调入储备地;三是随着优质资源的耗竭,资源产品价格上涨,原来资源条件差的、开采成本相对较高的产品价格反而下降,由开采不经济转变为经济可采。

4. 环境承载力显著变化

环境承载力是资源开发利用规模的上限,也是划定储备地的重要指标。因此环境承载力发生显著变化,将影响储备地的调整。当环境承载力显著提高,原来就此储备的矿产地即可动用;尚未列为储备地的可采矿区,由于矿业开发等原因造成环境承载力严重降低,急需修复保护时,可将其调入储备行列。

5. 基础设施建设比较完备

基础设施的完备程度也是确定矿区是适宜开发,还是列入储备的重要指标之一。因此,当储备的矿产地基础设施发生重大改善时,开发利用资源可以产生最大的社会经济效益,这时可以动用部分储备矿产地。基础设施的改善主要指矿区的交通运输、能源、电力供应能力得到较大提高,已达到适宜开采的程度,否则应该继续列入储备地。同时,当矿区周边基础设施由于重大自然灾害而导致毁损严重,短时间内不能恢复原有水平时,应将矿区调入储备之列。

6. 地质工作的重大发现

随着地质工作程度的加深，矿产资源的赋存状况将越来越清晰，主要有三个层面。一是发现了新的矿产地。①当资源供大于求，该矿产地周边生态环境承载力低或基础设施、交通条件差时，列入资源保护型矿产地；②当资源供大于求，且周边环境承载力强，交通条件较好时，列入保障安全型储备地；③当资源供不应求，新发现矿产地周边生态环境承载力强，基础设施条件好时，可列入规划开发型储备地。二是随着对储备矿产地后续勘查工作的投入，资源规模、储量有了大幅度的增加，可以根据实际情况，在总量不变条件下动用增加部分的资源或储量；三是经过核查或进一步的地质工作，储备矿区的规模或资源量较原来有较大程度的减少，这种情况下需要补充新的储备地。

（二）不同类型储备地间的调整

保障安全型、规划开发型、和保护资源型三种类型的储备地对资源自身的禀赋、地质工作程度、环境承载力及基础设施要求逐步减弱。因此，在新的矿产地（一般为公益性地质调查发现的大中型以上适宜储备的矿产地）发现后，先进入储备库，根据资源禀赋和开发条件确定其具体类型。由于有新发现矿产地进入储备库，将引起储备布局和储备规模的相应调整（图 3-1）。

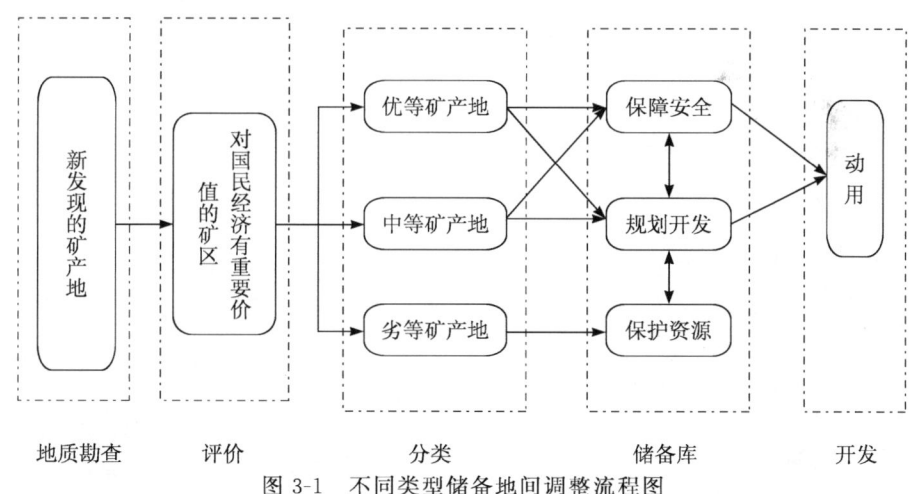

图 3-1　不同类型储备地间调整流程图

（三）储备布局的调整程序

储备布局的调整在时间和节奏上同国民经济五年规划保持一致，即在编写下一个五年规划时对当前和未来一段时间内的市场供需形势做出科学的判断，评估已储备矿产地布局的合理性。根据评估结果，结合最新的地质工作做出调整。

调整程序，首先由专业研究机构根据形势变化提出调整建议，由矿产地战略储备执行机构组织对调整的必要性和调整建议进行充分论证，委托科研机构提出具体调整方案，再由矿产地战略储备执行机构组织专家论证调整方案，报国土资源主管部门审批通过后，由矿产地战略储备执行机构组织实施。具体程序见图3-2。

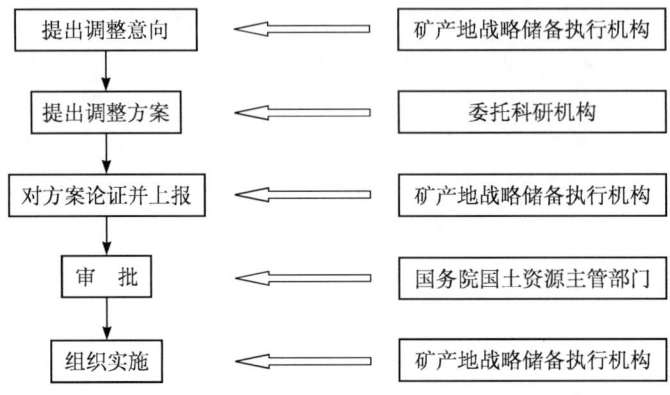

图 3-2 储备布局的调整程序示意图

第四章 矿产地战略储备的管理体制及运行机制

第一节 中国国内矿业的社会功能

任何一个国家或地区，开发矿业的基本经济目标应当有二：对社会而言，是提供矿产品；对企业而言，是实现赢利。在计划经济体制下，按照"高级赢利"的理论，利润向下游产业转移，矿业本身的第二个经济目标大大淡化。由于中国工业化起步时家底单薄，矿业又增加了其他一些额外的经济和社会目标。

一 额外经济目标

中国国内矿业的额外经济目标主要有以下两个。

一是以矿产品这种初级产品换取外汇，这一目标随着矿产品进出口从顺差转为逆差，已经自然而然地成为过去。

二是通过矿产品低价和矿业高税收提供资本原始积累。这一目标体现的功能同农业、林木采伐业曾经很相似。自改革开放以来，中国的综合国力有了很大增强，依靠农业、林木采伐、采矿这些初级产业进行资本原始积累的发展阶段，在事实上和道理上都已经过时，但在指导思想上并没有完全过时。国家对农业、林业的发展战略和经济政策已在着手调整，而在矿业方面，缺乏发展战略和政策调整的系统设计。

二 额外社会目标

中国国内矿业的额外社会目标主要有以下两个。

一是创造就业机会，这一目标现在还没有完全过时，这是由中国人口众多决定的。根据国土资源部《全国非油气矿产资源开发利用统计年报》，2009年中国非油气矿业的从业人员为724万人，按销售收入计算的全员劳动生产率为14万元，比2004年净增约8万元，主要原因是近几年矿产品价格大幅上涨。在这种情况下，对于"减员增效"的方针，至少非油气矿业最应当积极贯彻。然而，情况并非如此。不但正规大矿的人减不下来，劳动条件恶劣、伤亡事故频发的小矿也往往关闭不了。一个重要的原因就是，在矿山就业的，有相当一部分是贫困农村的富余劳动力。

二是通过矿业城市的建立促进城市化。这一做法的利弊得失，已经引起了社会各界的重视。今后如何处理矿业开发同城市发展的关系、已有矿业城市如何实现可持续发展、过去遗留的问题如何处理，值得深入研究。

第二节　矿产地战略储备管理体制

矿产地战略储备管理，是国家通过行政命令方式，依法通过各级相关政策制定和执行部门，保障矿产地战略储备管理体制的运行顺畅，体现矿产地战略储备在国家经济安全、政治安全方面的核心价值，是国家战略意志的物化表征和执行规范。作为保障矿产地战略储备的架构，储备管理体制着重对管理模式进行设计，明确各级管理部门的职责，进而实行行之有效的决策机制，促进资源社会福利最优和运行成本最低。

一　矿产地战略储备的管理模式

（一）矿产地战略储备管理模式

根据 2008 年度关于矿产地战略储备已有的研究成果，结合当前工业化中期快速发展的阶段特征，面对资源和能源大量消耗的现实及国内矿产资源对外依存度日渐提高的形势，对矿产地战略储备管理模式进行分条逐理探析，面对矿产地战略储备中可能发生的一些问题，建立垂直管理权威型管理体制，以国家意志实现政令上通下达，实现矿产地战略储备的初衷，使得储备管理体制便捷化和制度化。

目前，针对我国大煤炭资源和在全球资源分布上拥有主要地位的稀土资源开展矿产地战略储备，重要目标就是根据现实情况，把部分整装的大煤田、主要稀土资源聚集地及部分探明优质矿藏进行矿产地战略储备，按照资源条件和区位分布进行合理规划，储备部分矿产地，作为调节国内、国际市场的手段，引导价格机制，实现资源的优化配置，同时，实现作为国家矿产资源战略安全保障措施的双重目的。

国内短缺的矿产资源，是制约我国经济社会健康发展的长期因素，必须通过技术进步寻找替代资源，根据国际矿业市场供求状况和地缘政治环境，执行替代进口原则，多用国外的矿产资源，对于国内的这类矿产地进行储备，以备非常之需。因此，这类矿产资源更多地考虑资源储量、品位。

根据这类矿产资源的资源条件，规划形成的矿产地战略储备都是优质的、整装的矿产地。因此，实行储备必然涉及资源所在地政府和人民的当前经济利益，只有实行垂直威权型管理体制，才能保证储备地的顺利推进，维护国家的经济利益和战略安全。为此，构建垂直威权型管理模式，详见图 4-1。该管理模式由管理层、执行层和操作层组成。其中，管理层根据矿产地战略储备面临的政策法规、国内外政治经济环境，以及国家总体矿产资源开发利用状况等进行宏观总体的指导和把握；执行层依据管理层级提出的要求和预设目标，进行统筹规划，按步骤分程序进行任务的分解和安排；操作层按照执行层级制订的各项具体任务，根据规划时间和要求，具体推进整个矿产地战略储备所涉及的各个环节事项，保证矿产地战略储备的顺利推进。

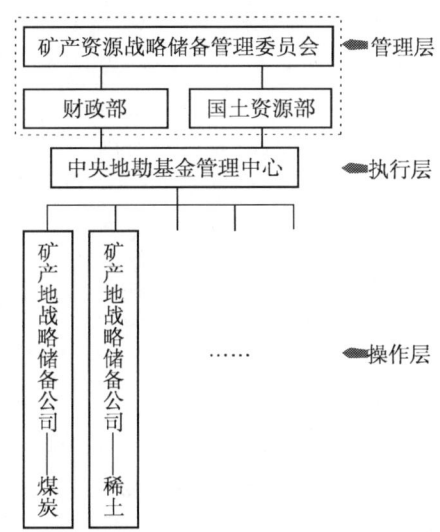

图 4-1 矿产地战略储备垂直型层级管理架构

（二）矿产地战略储备管理机构职能

作为国家意志的矿产地战略储备，最具权威的顶层组织架构，就是成立矿产资源储备管理委员会，该委员会由国务院组织包括国土资源主管部门和财政主管部门在内的相关决策部门组成，并引入社会知名中介机构，对我国矿产资源战略规划进行论证，制订出当前和较长时期内国家经济发展对矿产资源需求态势预警机制，为矿产地战略储备的矿种选择、规模确定、布局设计、矿种保障程度和品质等一系列重大管理问题进行决策，指导矿产地储备执行机构开展工作，确保国家资源经济安全和战略安全，实现资源的可持续开发利用和经济社会的稳定发展。委员会组成部门包括国土资源部、财政部、中央地质勘查基金管理中心。根据需要可下设办公室作为常设机构，负责日常工作。

国土资源部职责：根据我国矿产资源的供需状况、资源对国家经济社会发展的保障程度、矿产资源的市场运行机制和价格水平，以及国家宏观经济调控的需要，国土资源部适时进行矿产资源动态监测，指导矿产资源的勘查开发利用和合理利用国内外两个市场等，对矿产地战略储备产生直接影响，并决定矿产地战略储备品种、储备规模，为矿产地战略储备的及时性和动态性提供宏观指导作用。国土资源部职责具体由储量司承担，直接指导中央地质勘查基金管理中心有关矿产地战略储备方面的相关工作，实现矿产资源的国家意志由决策层向执行层平滑转移，避免信息失真和过滤，精准贯彻相关政策法规。

财政部职责：作为国家财政管理部门，在矿产地储备过程中承担着为矿产地战略储备提供资金保障和监管资金使用的双重职责。作为国家行为的矿产地战略储备，储备资金的来源主体以政府为主；政府在储备地资金的筹措、设立方面起主导作用；条件成熟时，可以综合考虑各方面因素，扩展资金来源渠道，将外汇储备、国家债券、消费税等纳入矿产地战略储备资金来源范畴，提高资金的保障程度。由于我国在矿产地战略储备方面处于起步阶段，国家财政保障额度不能一蹴而就，应根据财政资金状况，循序渐进，量力而行。财政部作为资金划拨单位，在矿产地战略储备工作开展后，更多的责任在于对中央地质勘查基金管理中心的资金使用情况进行全过程监督管理。

中央地质勘查基金管理中心职责：中央地质勘查基金（以下简称地勘基金）是一项风险基金，不同于一般的投资基金，不以基金投资收益最大化为目标。作为国家鼓励重要矿产资源勘查的一种政策调控手段，地勘基金主要用于支持重点成矿带、重点矿种的矿产前期勘查。作为公益性地质工作与商业性地质工作的衔接，地勘基金承担高风险的勘查项目。地勘基金与合作方按照市场运作方式，将项目勘查取得的矿业权出让，收益按照投资比重进行分配，从而实现矿业权有偿取得和投资各方的收益，在实现地质勘查投入多元化的同时，地质勘查基金可以滚动发展。因此，中心宗旨就是通过资本运作，按照国家相关政策法规，具体执行矿产地战略储备，通过矿业权的收储和释放，为国家在矿产资源开发利用方面提供导向，促进矿产资源的高效开发和合理利用，提高资源的保障度和国家战略安全。

中央地质勘查基金管理中心所属分公司职责：为进一步执行上述职能，中央地质勘查基金管理中心设立以矿种储备管理为目标的分公司。

二 矿产地战略储备方案的决策机制

为进一步推进矿产地战略储备的合理运行，根据国家经济发展要求和国际上矿产品市场变化趋势，分别需要对矿种、规模和布局进行全方位分析，做出合理的判断，制订可行的措施，保障国家对矿产资源需求的平稳和安全。根据这一要求和目标，需要制订矿产地战略储备方案的决策机制，保障决策的科学性和前瞻性。为此，制订矿产地战略储备水平型管理机制，为保障资源的社会福利最大化提供制度支撑。

（一）矿产地战略储备决策模式

以社会福利最大化为先决条件的矿产地战略储备决策机制，根据现实需要，参考公司治理模式中的董事会设置架构，成立矿产地战略储备委员会。矿产地战略储备委员会组成部门包括国土资源部储量司、财政部相关司局、第三方社会独立智库，以及中央地质勘查基金管理中心等为主要决策核心层的决策模式（图 4-2）。该决策模式下，根据财政部和国土资源部等相关部的行政命令和指导政策，结合第三方独立智库的评估报告，由中央地质勘查基金管理中心执行相关任务，综合分析评估意见，报矿产地战略储备委员会。矿产地战略储备委员会根据矿产资源形势、产供消趋势、国家发展战略、全球矿产品价格、影响矿产品供需情况和贸易的重大事件评价等一因素进行综合评价，建立矿产资源供给风险预警信息系统，分析矿产地战略储备的动用、收储机制，实现效益最优。

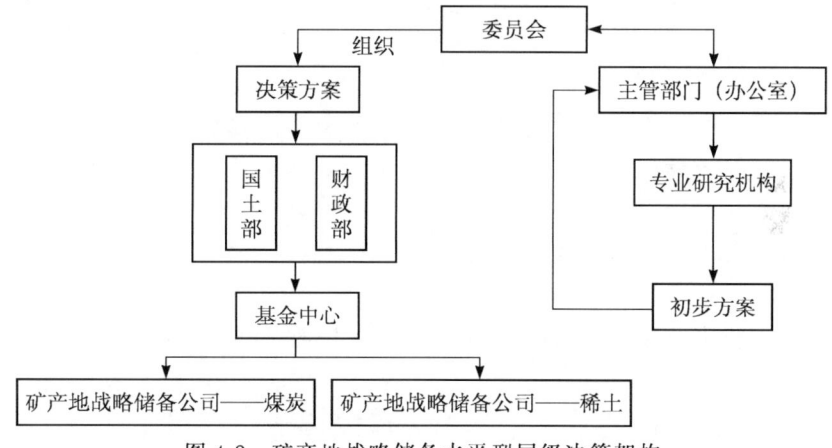

图 4-2　矿产地战略储备水平型层级决策架构

（二）矿产地战略储备决策机构职能

矿产地战略储备决策机构如图 4-3 所示，职能如下。

矿产地战略储备委员会职责：定期召开矿产地战略储备联络会议，审议矿产地战略储备相关决策方案，对矿产地战略储备的其他重大事项进行表决。

国土资源部相关司局职责：针对国家宏观经济运行状况、矿产资源供需形势和国家战略意志等先决条件进行综合研判，制订矿产地战略储备的政策和文件，指导矿产地战略储备顺利推进。

财政部相关司局职责：分析国家宏观经济运行状况，结合国家财政状况和国际矿产品价格形势，为矿产资源战略储备基地提供适宜的财政补贴和扶持，全过程监管矿产地战略储备资金使用情况，保障矿产资源战略基地顺畅运行。

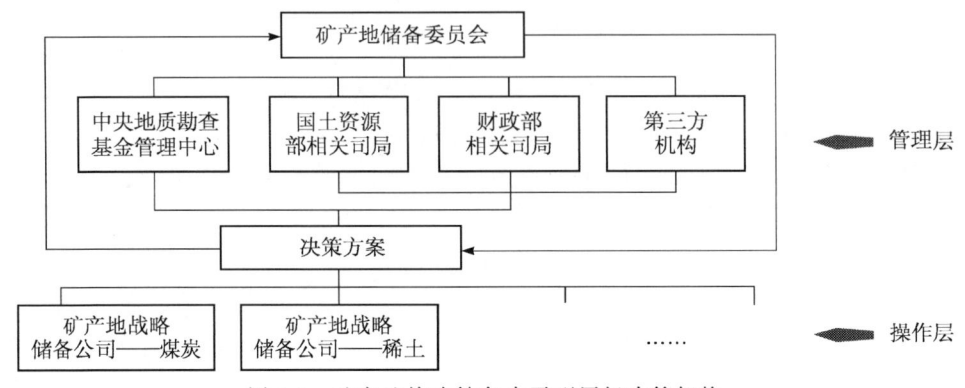

图 4-3　矿产地战略储备水平型层级决策架构

第三方机构职责：对矿产地战略储备的相关政策制定提供智力保障，以矿产地战略储备管理运行的实际效果和需求为研究对象，研究储备矿种的规模、布局、管理机制体制等，出具矿产地战略储备工作评估报告，提出建议，保障整体运行机制的灵活性和能动性，消除经济外部性的负效益。

中央地质勘查基金管理中心职责：根据国家经济发展状况和国际矿产品价格市场信息，综合分析，制订矿产地战略储备具体运行机制。管理矿产地战略储备的日常事务，指导专业研究机构的研究工作。

中央地质勘查基金管理中心所属分公司职责：根据中央地质勘查基金管理中心要求，分矿种进行矿产资源区位分布特征分析和资源评价，经中央地质勘查基金管理中心审核后，进行矿产地战略储备收储、轮换或动用。

第三节　矿产地战略储备运行机制

根据矿产地战略储备的决策机制，建立完善矿产地战略储备的运行机制。运行机制主要包括如何储备、轮换或动用，储备后的矿产地处理方式（包括勘查、矿权设置和规费等），以及储备的充分利用等。

一　规划储备及矿业权回购储备

规划储备和矿业权回购储备是矿产地战略储备的主要方式和手段。规划储备是通过规划实现储备，矿业权回购储备是回购已有的矿业权实现储备。

（一）规划储备

1. 行政层级规划储备

开展矿产地储备专项规划，对主要成矿带进行风险勘查，投入相应比重的专项财政资金，综合评价矿产资源储量水平，按照矿产资源区位分布特征和经济性要求，进行规划储备，实现国家层面矿产资源规划储备。

开展试点工作，首先选取煤炭资源和稀土资源两个矿种。根据《中华人民共和国矿产资源法》（1996年），钨、锡、锑、离子型稀土矿产被列入国家实行保护性开采的特定矿种，从开采、选冶、加工到市场销售、出口等各个环节，实行有计划的统一管理。对于涉及保护性开采矿产资源的开采其他矿产资源为主的矿山企业，对其中的共生、伴生的钨、锡、锑、离子型稀土矿产业要综合开采，合理利用，其矿产品应向指定的收购单位销售。

考虑到矿产资源的资源条件和区位优势特征，对于煤炭资源丰富的省区，在国家政策法律允许范围内，按照资源优化配置和经济社会可持续发展的原则，制订矿产资源开采资金壁垒和技术壁垒。比如，设置最低矿产资源开采规模和投资规模门槛，提出技术要求和开采资质要求等。通过相应的政策措施和技术约束，根据中央地质勘查基金管理中心的资金状况和国家对资源需求程度，结合各地矿情，进行矿产资源储备专项规划。省区矿产资源规划要与矿产地储备专项规划协调。

按照《保护性开采的特定矿种勘查开采管理暂行办法》和各级政府出台的矿产资源开发与保护专项规划要求，对拟储备规模和布局进行指标量化后，下达到储备地所在省区。以"目标一致、量化明确、权责清晰、政令通畅"为原则，实现特定矿产资源的省、市、县规划储备。

2. 技术壁垒规划储备

技术壁垒规划储备包括以下内容。

（1）生态环境影响评估规划储备。通过环境影响评估，对于当前开发技术条件下的生态脆弱区（如西北地区、青藏地区、云贵高原等）进行限制性开发和保护性开发，间接实现矿产资源规划储备；对于矿产资源过度开发区域（如东北地区、山西省等煤炭石油资源过度开采区域），结合区域经济发展规划纲要，根据资源的有效开发和永续利用原则，进行资源适度开发，规划储备部分已探明资源，实现资源的战略储备和区域经济发展双赢。

（2）非常规资源规划储备。针对现有技术条件下不经济的资源，如"三下"资源、深部资源、低品位资源、尾矿资源、难选冶资源、重要稀有共伴生矿资源等，设立严格的技术准入门槛，禁止大规模的开发利用，实现资源的规划储备。其中，针对重要稀有共生、伴生矿产资源按照国土资发〔2009〕165号通知要求，开发主体矿产资源时所产生的共生、伴生资源需要总量控制，超出指标部分需要开采企业妥善保存，实现矿产资源的间接储备。

（二）矿业权回购储备

矿业权回购储备比规划储备具有较高的资源保障度和安全性。进行矿业权回购储备，可获得经济性和安全性双重收益。矿业权回购储备包括探矿权和采矿权回购两种形式。回购的矿业权，由矿产地战略储备主管机构代表国家持有、封存，作为矿产地战略储备的一个重要组成部分。矿业权回购储备，主要针对近年来勘查获取资源，部分区块区位资源分布较优、资源条件好，具有较高的经济性。因此，矿业权回购储备的主要对象包括整装优质矿产资源区块和稀有短缺矿产资源区块。

1. 采矿权回购储备

对于市场上出让的采矿权，由于矿产资源探明储量明确，资源保障程度高，是矿业市场上主要交易对象，因而矿业权价位较高，成本较大。所以回购储备主要是针对涉及国家战略安全和产业发展的资源，根据国家战略需要而进行的收购储备。

采矿权回购储备，遵循以下条件。

（1）供大于求，资源浪费严重，国际市场可得性强，进行收购储备；

（2）近年来价格异常上涨，一旦价格步入平稳期，进行收购储备；

（3）未来10~20年，经济社会发展对资源的需求将大幅提升，进行收购储备。

2. 探矿权回购储备

对于各地通过招、拍、挂等方式大量出让的探矿权，由于矿产资源勘查程度比较低，加之商业性运作模式，其获取成本高，一般情况下不宜通过这种方式获取探矿权而储备。因此，回购探矿权储备只是规划储备的补充。对于战略性矿产资源和主要成矿区带内的矿产资源，由中央地质勘查基金中心通过申请探矿权来储备。

针对大宗常见的矿产资源探矿权，必须经过技术经济评价，合理估算成本和收益，在经济性和适度性原则下进行收购储备。

收购拟储备矿产资源探矿权，遵循以下两个条件。

（1）拟储备矿产资源为战略型矿种，为保障国家资源战略安全，进行收购。当前主要收购稀土矿产资源探矿权。

（2）拟储备矿产资源处于我国主要成矿带，远景储量巨大的优势矿产资源，具备成为今后20年内主要资源供应基地的矿产资源探矿权，进行收购。当前主要收购煤炭资源探矿权。

二 储备矿产地的后续勘查

储备矿产地的后续勘查，主要针对纳入储备时地质工作程度比较低，非常规资源矿产地和部分矿产地外围及深部的资源进行勘查。对储备矿产地进行后续勘查，有利于进一步明确储备矿产地资源赋存情况，掌握储备矿产地的资源储量、资源品位、现有经济价值和资源保障程度，为今后开发利用提供详细的资源情况。

储备矿产地后续勘查主要涉及矿产地的管理、详查后矿业权的设置和规费制度等问题。这些问题更多是经济问题和中央与地方的利益问题，是矿产地战略储备所面临的复杂问题之一，需要进一步梳理各方利益关系。

（一）储备地的后续勘查管理

储备地后续勘查管理，是矿产地战略储备管理的一项重要任务，涉及中央和地方的利益问题，也关系到部门之间的利益问题，需要中央地质勘查基金管理中心投入大量的人力、物力，保障矿产地战略储备工作的顺利开展。

1. 储备矿产地后续勘查管理机构

已经进入储备程序的矿产地，由下设的各类矿产地战略储备公司行使中央地质勘查基金管理中心授权的各项管理职责，并直接对中央地质勘查基金管理中心负责，保障储备矿产地后续勘查管理的效率，维护国家战略储备利益。

中央地质勘查基金管理中心定期向国土资源部汇报储备矿产地运行情况，支撑国土资源部参与宏观调控。国土资源部根据储备矿产地的运行情况，因地制宜，制订适合于国家经济社会发展的短期措施和长期政策，实现国家宏观经济发展的持续稳定。

综上所述，中央地质勘查基金管理中心对储备矿产地后续勘查管理所履行的职能包括如下三个方面。

（1）进行储备地生态环境影响评价，制订相适宜的后续勘查措施。

（2）对储备矿产地进行进一步勘查。具体包括委托地勘单位进行储备地资源勘查。对主要成矿带和没有经过详查的储备地进行勘查，探明资源储量；对具有采矿权的储备地，后续勘查工作主要集中在对外围、深部及"三下"区域资源的勘查，满足改扩建的需要。

（3）对储备地勘查资金进行融资。在试点期间，初步考虑国家全部出资。通过试点，研究引入社会投资和外资的方案与机制，逐步形成勘查资金多元化、资本充裕化、资本主权掌控的投资格局和体系。

2. 储备地后续勘查管理内容

由中央地质勘查基金管理中心直接管理的储备地后续勘查，包括如下三方面的内容。

（1）通过国家矿产资源规划，对地质工作程度比较低的主要成矿带储备地，进一步开展勘查，摸清资源储量、现有和潜在的经济价值及今后开发利用时需要的相关详细地质资料、环境评估报告和配套设施建设规划等。

（2）针对非常规矿产资源的储备地，需要进一步详查"三下"资源，明确资源储量、现有和潜在经济价值、现有技术条件下的开采成本、资源对区域和国家的保障程度，以及环境评估报告和涉及的拆迁、安置规划等；低品位矿和尾矿资源需要详查资源的经济品位及环境评估报告等；深部矿产资源更多的涉及当前技术条件下资源的开发成本和今后技术进步对降低开发成本的贡献。因此，针对深部矿产资源的后续勘查管理，首先需要进行技术评估，然后通过技术经济评价，并结合资源品位、潜力等因素做出综合评判。

（3）通过交易获取的矿业权储备地，后续勘查中主要明确资源储量、现有和潜在经济价值，并通过勘查查找矿产地周边和外围资源量。

上述三方面内容，需要中央地质勘查基金管理中心通过招标方式实现。中央地质勘查基金管理中心根据实际情况，制订详细的年度储备地勘查规划，明确年度勘查资金。在此基础上，建立储备地信息管理平台，对储备地的类型、区位分布、资源储量、资源品位、现有经济价值和潜在经济价值进行精确管理，为今后开展储备矿产地的轮换动用和银行信贷提供信息数据支撑与产权状况备案。

（二）储备地的矿权设置

为保障国家资源战略安全和经济运行平稳，储备期间的矿产地矿权维护，按照国家利益为上，同时兼顾地方利益的原则，制订相适宜的矿权设置，保障矿产地战略储备的时效性和经济性。储备地矿业权设置，是一个两难问题。通过规划纳入的矿产储备地，不设置矿权；通过市场回购获取的矿业权，需进行矿业权管理或灭失。根据现实情况，在储备地动用轮换时，对规划纳入的矿产地设置矿业权，并按照正常的矿业权市场管理办法运作。

为避免与当前商业勘查获取的探矿权设置管理制度相冲突，储备期间的矿权设置包含如下三方面内容。

（1）储备地探矿权台账登记制度。根据储备地矿业权获取方式不同，由中央地质勘查基金管理中心出资，风险勘查获取的矿产地探矿权，进行矿产地的探矿权台账登记，获取矿权，根据拟储备资源的布局和规模要求，进行矿区坐标标注和规模标定，并将该矿区内的其他相关基础设施和勘查信息进行统一登记,以台账形式进行管理,且不受探矿权最长期限限制;由中央地质勘查基金管理中心从商业市场上回购的探矿权,回购登记备案后,也不受探矿权最长期限限制。

(2) 储备地递进勘查。中央地质勘查基金关于地质勘查基本上以预查和普查为主,以寻找资源基础储量为目标。因此,需要对储备地勘查投入实施递进模式,与以往矿产资源勘查面积内的资源获取概率情况对比后,按照 6∶3∶1 的勘查面积比例,分别对储备矿产地进行普查、详查和勘探(精查)。保障资源在非常时期能够及时动用,在经济平稳期内的能够正常轮换,实现矿产地储备保障国家战略安全和经济安全的双重目标。

(3) 储备矿产地国家利益至上。地方对矿产资源有利益分成的倾向,这一特征会促使地方政府加大矿权交易。为保障国家安全和资源的有序开发,国家需要从整体出发,有步骤的调节资源的开发格局。在此情况下,地方利益需要服从国家利益,将地方的当期利益延迟为潜在利益。国家统筹规划,补偿因储备造成的资源地当期利益损失,平衡区域资源开发的不均衡。因此,储备地矿业权必须控制在代表国家资源战略安全的中央地质勘查基金管理中心手中,根据国家对资源的需求情况,进行资源的储备和轮换动用。

(三) 储备期间的矿业权规费

1. 现行矿业权规费

矿产资源开发利用,既满足了国家经济发展的需要,也为国家和地方政府提供了大量的财政税收。我国现行矿业权规费包括探矿权和采矿权的使用费和价款。

(1) 探矿权、采矿权使用费包括以下几方面内容。①探矿权使用费。国家将矿产资源探矿权出让给探矿权人,按规定向探矿权人收取的使用费。②采矿权使用费。国家将矿产资源采矿权出让给采矿权人,按规定向采矿权人收取的使用费。

(2) 探矿权、采矿权价款包括以下几方面内容①探矿权价款。国家将其出资勘查形成的探矿权出让给探矿权人,按规定向探矿权人收取的价款。②采矿权价款。国家将其出资勘查形成的采矿权出让给采矿权人,按规定向采矿权人收取的价款。

(3) 探矿权采矿权使用费收取标准。探矿权使用费以勘查年度计算,按区块面积逐年缴纳,第一个勘查年度至第三个勘查年度,每平方公里每年缴纳 100 元,从第四个勘查年度起每平方公里每年增加 100 元,最高不超过每平方公里每年 500 元。采矿权使用费按矿区范围面积逐年缴纳,每平方公里每年 1000 元。

(4) 探矿权采矿权价款收取标准。探矿权采矿权价款以国务院地质矿产主管部门确认的评估价格为依据，一次或分期缴纳。但探矿权价款缴纳期限最长不得超过 2 年，采矿权价款缴纳期限最长不得超过 6 年。

(5) 探矿权、采矿权使用费和价款由探矿权、采矿权登记管理机关负责收取。探矿权采矿权使用费和价款由探矿权采矿权人在办理勘查、采矿登记或年检时缴纳。

2. 矿权规费设置方式

储备期间的矿业权规费制度直接关系到中央地质勘查基金管理中心资金的运作成本和运作效率，也关系到矿产地战略储备的执行效果。在不与我国矿产资源税费制度相冲突的情形下，考虑如下三种方式设置储备地矿业权规费制度。

(1) 对于规划区内获取的储备地，不设置矿业权。

(2) 对于非常规矿产资源储备地，按照国家关于鼓励开展资源循环经济利用等方面的减免费用政策，申请减免储备地部分规费，减免的规费，如探矿权和采矿权的使用费等。

(3) 对于通过矿业权市场上获取的储备地，根据矿权设置期限（一般矿权期限最长不超过 3 年；石油、天然气最长不超过 7 年；两次延期时间，每次最长不超过 2 年）建立特殊矿业权制度，豁免矿业权设置时间期限，在国家需要时，将探矿权转变为采矿权，保持矿产地战略储备的延续性。按照国家当前矿业权使用费缴纳标准上缴地方部分，豁免上缴国家的部分。

3. 矿权规费资金安排

矿权规费资金包括探矿权和采矿权的规费支出。根据上述矿权规费设置，作为日常管理运行中的一部分成本，可参照现代企业管理模式中日常性管理费用开支进行核算，包括储备地管理日常费用和设备购置，以及储备地需要缴纳的各种税费。矿产地战略储备资金管理的制度约束本身也是中央地质勘查基金管理中心今后面临的一项重要管理工作。

矿权规费资金安排，遵循如下两个原则。

(1) 矿权规费资金投入的可持续性和良性循环原则。作为中央地质勘查基金管理中心重要的一项日常工作，需要统筹规划，合理安排资金的收入和支出情况。保证资金收入和支出的平衡性和稳定性，直接关系到中央地质勘查基金管理中心对矿产地战略储备的掌控能力和调控水平。因此，需要根据资金的收入来源、收入水平，制订年度预算，量入为出，保障资金的持续性和稳定性，最大限度提高中央地质勘查基金管理中心对矿产地战略储备的全局把握能力。

(2) 矿权规费资金使用的公开性原则。申请减免部分矿权规费，可以减轻储备地资金压力。公开矿权规费资金的各类开销，保障资金的合理合规使用。规范操作、公开透明是财政资金的属性，也为储备矿产地各类规费提供监督。

矿权规费减免方案包括以下几方面内容。

(1) 矿权规费减免与财政资金补偿互动方案。通过减免部分矿权规费，降低了中央地质勘查基金管理中心的储备地管理成本，提高了专项资金的使用效率。然而，减免部分矿权规费不可避免地导致储备地政府的财政收入减少，也将影响当地居民的就业、收入等。为此，需要进行适当的补偿，弥补当地政府和居民的现实利益损失。根据财综字〔1999〕74 号《探矿权采矿权使用费和价款管理办法》，属于省级地质矿产主管部门登记管理范围的探矿权采矿权的使用费和价款，补偿给省级财政。属于国务院地质矿产主管部门登记管理范围的探矿权采矿权的使用费和价款不予补偿。

具体补偿金额可按如下模型核算。

模型一： $R_{财政资金补偿额度} = \sum_{i=1}^{n} [V_i (1+\sigma)^i - V_i]$

式中，V_i 为年度当期虚拟矿业权出让价款中地方获得份额；σ 为资金时间价值，以资本年利率来替代，V_i 为虚拟矿业权使用费地方获得份额；$m \leqslant 7$，n 为从储备到动用期间的时间。

模型经济含义：截至开发资源时，补偿资金额度为虚拟出让矿业权的地方分成的利息。

优点：适当补偿了地方当期损失，今后开发收益，地方同样分成。

缺点：只补偿地方当期分成的利息，而分成本金只能在储备地动用开发时获取。

模型二： $R_{财政资金补偿额度} = V_i + \sum_{i=1}^{m} [V_j (1+\sigma)^{-i}]$

模型经济含义：补偿额度为地方当期分成本金加上虚拟开发的矿业权使用费及其利息三者之和。

优点：开发前，地方获得了所有分成。

缺点：资源代际均衡，但资源收益没有代际均衡，还是先得后不得。

(2) 矿权规费减免与储备矿权利益共享方案。将减免储备地储备期间的部分规费与储备地动用后收益相挂钩，分别以矿业权出让收益和资源有偿使用费两项收入作为今后矿权利益共享的主要依据。将当期利益损失根据"缩小每期补偿额、延长补偿期、补偿总额相对稳定"的思路进行弥补，实现资源均衡和资源收益均衡的统一。

具体补偿金额可按如下模型核算。

模型三： $R_{资源利益分红额度} = \sum_{n}^{i=1} [(V_i + L_i)(1+\sigma)^i]$

式中，V_i 为当期矿权出让金地方分成；L_i 为虚拟开发时，资源补偿费的地方分成；σ 为资金时间价值，以存款利率来替代。

核算的补偿总额,按照10%的递减比率分10年补偿给地方政府。由于按照所有地方分成进行补偿,因此,在储备地开发后,地方只分成矿业权使用费,矿业权价款全部归中央,相当于在储备地开发前,分10年提前完成矿业权价款地方分成的折旧。

模型经济含义:补偿额度为矿产资源开发中的所有分成。

优点:地方获得了矿产资源开发利用中应得的所有收益。

三 矿产地战略储备的轮换动用机制

通过储备地的轮换动用,收储新发现的矿产地,实现区域经济平衡和产业布局优化,提高矿产资源利用效率,保障国家资源供求的动态平衡。

(一)矿产地收储条件

依据矿产地战略储备目标条件和市场条件的约束性指标,分别对资源储量、供求形势、资源战略地位及勘查开发风险状况等进行分析和评价。在四个条件下考虑收储矿产地。

(1) 新发现的整装优势矿产资源;
(2) 国内紧缺矿产资源,基础储量达到中型及以上规模的非常规资源;
(3) 涉及国家战略安全的稀土,基础储量达到中型及以上规模;
(4) 当前经济技术条件下不适宜开发利用的中型以上矿产资源。

(二)矿产地收储机制

对于拟规划储备的矿产资源,根据目标约束条件下的矿产资源储量、品位及资源区位分布,制订相应的储备规划;根据供求形势和勘查开发风险因素等,制订相应的储备影响约束指标。通过流程图和约束指标件,确定矿产地收储流程,完善矿产地战略储备的收储机制。矿产地战略储备流程,如图4-4所示。

根据目标约束条件制订矿产地收储规划,通过评估,制订拟收储建议报国土资源部,下达收储地所在区域资源管理部门,共同论证修订收储矿种、规模、品位,最终确定收储方案,报财政部,申请收储资金。这一模式,兼顾了中央和地方利益,为下一步确定具体收储时间奠定了基础。

应用层次分析法分析储备约束条件。设立评判收储的指标因子:矿产资源供需弹性系数 E_{sd}、矿产资源需求价格弹性系数 E_{dp}、矿产资源汇率价格弹性系数 E_{r_cp}、期货价格弹性系数 E_{fp},构造储备约束条指标 $R_s = \sum (R_{sd} + R_{dp} + R_{mr})$。依据指标大小,决策矿产地收储与否,如表4-1所示。

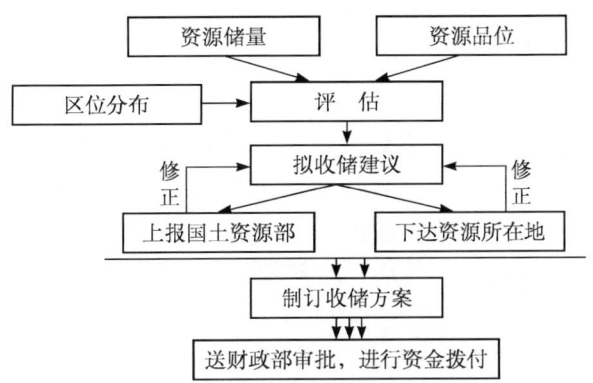

图 4-4 矿产地战略储备流程框架图

表 4-1 影响矿产地战略储备的约束指标

影响事件		是否储备
矿产资源供求状况 R_{sd} (0.7)	$E_{sd} \geqslant 1$	是
	$E_{sd} < 1$	否
矿产资源价格机制 R_{dp} (0.15)	$E_{dp} \leqslant 1$	是
	$E_{dp} \geqslant 0$	否
资源市场风险 R_{mr} (0.15)	$E_{r_e p} \geqslant 0$	是
	$E_{r_e p} < 0$	否
	$E_{fp} \geqslant 0$	是
	$E_{fp} < 0$	否

矿产资源汇率价格弹性系数 $E_{r_e p}$，反映了货币汇率变动与价格变化的比值，是资本市场中主要风险之一。其中，影响汇率波动的最基本因素主要有以下四点。

(1) 国际收支及外汇储备。所谓国际收支就是一个国家的货币收入总额与付给其他国家的货币支出总额的对比。如果货币收入总额大于支出总额，便会出现国际收支顺差；反之，则是国际收支逆差。国际收支状况直接影响一国汇率的变动。发生国际收支顺差，会使本币汇率上升；反之，本币汇率下跌。

(2) 利率。利率作为一国借贷状况的基本反映，对汇率波动起决定性作用。利率水平直接对国际间的资本流动产生影响，高利率国家发生资本流入，低利率国家则发生资本外流，资本流动会造成外汇市场供求关系的变化，从而对外汇汇率的波动产生影响。一般而言，一国利率提高，将导致本币升值；反之，本币贬值。

(3) 通货膨胀。一般而言，通货膨胀会导致本币汇率下跌，通货膨胀的缓解会使汇率上浮。通货膨胀影响本币的价值和购买力，会引发出口商品竞争力减弱、进口商品增加，还会引发对外汇市场产生心理影响，削弱本币在国际市场上的信用地位。这三方面的影响都会导致本币贬值。

(4) 政治局势。一国及国际间政治局势的变化,都会对外汇市场产生影响。政治局势的变化一般包括政治冲突、军事冲突、选举和政权更迭等,这些政治因素对汇率的影响有时很大,但影响时限一般都较短。

期货价格波动受供需等基本因素的影响,即任何减少供应或增加消费的经济因素,将导致价格上涨;反之,任何增加供应或减少商品消费的因素,将导致库存增加、价格下跌。然而,随着现代经济的发展,一些非供求因素也对期货价格的变化起到越来越大的作用,这就使期货市场变得更加复杂,难以预料。影响期货价格弹性系数 E_{fp} 发生变化的基本因素包括以下八项。

(1) 供求关系。期货交易是市场经济的产物,因此,它的价格变化受市场供求关系的影响。当供大于求时,期货价格下跌;反之,期货价格就上升。

(2) 经济周期。在期货市场上,价格变动还受经济周期的影响,在经济周期的各个阶段,都会出现随之波动的价格上涨和下降现象。

(3) 政府政策。各国政府制订的某些政策和措施会对期货市场价格带来不同程度的影响。

(4) 政治因素。期货市场对政治气候的变化非常敏感,各种政治性事件的发生常常对价格造成不同程度的影响。

(5) 社会因素。社会因素指公众的观念、社会心理趋势、传播媒介的信息影响。

(6) 季节性因素。许多期货商品,尤其是农产品有明显的季节性,价格亦随季节变化而波动。

(7) 心理因素。所谓心理因素,就是交易者对市场的信心程度。例如,对某商品看好时,即使无任何利好因素,该商品价格也会上涨;而当看淡时,无任何利淡消息,价格也会下跌。一些大投机商们经常利用人们的心理因素,散布某些消息,人为地进行投机性大量抛售或补进,谋取投机利润。

(8) 金融货币变动因素。在世界经济发展过程,各国的通货膨胀,货币汇价及利率的上下波动,已成为经济生活中的普遍现象,这对期货市场带来了日益明显的影响。

根据约束条件,构建储备指数方程

$$\begin{cases} R_s = \sum (R_{sd} + R_{dp} + R_{mr}) \\ R_{sd} = \begin{cases} 0.7, & E_{sd} \geqslant 1 \\ 0, & E_{sd} < 1 \end{cases} \\ R_{dp} = \begin{cases} 0.15, & E_{dp} \leqslant 0 \\ 0, & E_{dp} > 0 \end{cases} \\ R_{mr} = \begin{cases} 0.15, & E_{r_e p} \geqslant 0 \text{ 或 } E_{fp} < 0 \\ 0, & E_{r_e p} \geqslant 0 \text{ 和 } E_{fp} < 0 \end{cases} \end{cases}$$

其中，$E_{sd} = \left(\dfrac{\dfrac{s_1 - s_0}{s_0}}{\dfrac{d_1 - d_0}{d_0}} \right) \times 100\% = r_s / r_d \times 100\%$

$E_{dp} = \left(\dfrac{\dfrac{d_1 - d_0}{d_0}}{\dfrac{p_1 - p_0}{p_0}} \right) \times 100\% = r_d / r_p \times 100\%$

$E_{r_e p} = \left(\dfrac{\dfrac{r_{e1} - r_{e0}}{r_{e0}}}{\dfrac{p_1 - p_0}{p_0}} \right) \times 100\% = r_{r_e} / r_p \times 100\%$

$E_{fp} = \left(\dfrac{\dfrac{f_1 - f_0}{f_0}}{\dfrac{p_1 - p_0}{p_0}} \right) \times 100\% = r_f / r_p \times 100\%$

目标约束条件下确定的收储模式明确了国家对资源的战略安全要求；而市场约束条件下确定了资源收储的规模、速度，保障了地勘资金利用的效益，体现了资源安全战略中的经济性要求，二者相得益彰，缺一不可。

（三）储备地的动用条件

储备地的动用，本身有三个目标约束条件：一是储备矿产地具备区位优势，有较高的经济性；二是国内矿产品供应严重不足，供求关系长期失衡；三是储备地规模经过勘查后超出预期规模，可以进行释放。前两个目标约束条件是刚性指标，第三个目标约束条件是参考要求。根据上述三个目标约束条件，确定储备地的动用与否（表 4-2）。对于部分影响事件，无法明确确定是否动用，需要进行全面均衡评价，根据 $R_s = \sum (R_{sd} + R_{dp} + R_{mr})$ 计算结果评价后，最终确定是否动用。

储备地动用条件取决于两个因素：安全性和经济性。当矿产资源影响到国家战略安全和重大经济安全时，启动储备地动用程序；当储备地在经济利益上具有比较优势，且储备规模达到国家储备目标时，核算储备指数，根据储备指数大小决定是否动用。

表 4-2 储备矿产地启动动用影响事件约束条件

影响事件		是否储备
矿产资源供求状况	$E_{sd} < 1$	是
$R_{sd}(0.7)$	$E_{sd} \geqslant 1$	否
矿产资源价格机制	$E_{dp} \geqslant 0$	是
$R_{dp}(0.15)$	$E_{dp} < 0$	否
	$E_{r_e p} < 0$	是
资源市场风险	$E_{r_e p} \geqslant 0$	否
$R_{mr}(0.15)$	$E_{fp} < 0$	是
	$E_{fp} \geqslant 0$	否

（四）储备地的动用机制

储备地满足动用目标约束条件时，启动储备地动用程序，将动用目标约束条件提交矿产地战略储备决策机制内进行评估形成储备地动用建议，反馈到矿产资源主管部门（国土资源部）和矿产地矿产资源主管部门，协调中央和地方利益后，确定储备地开发利用方案（图 4-5）。

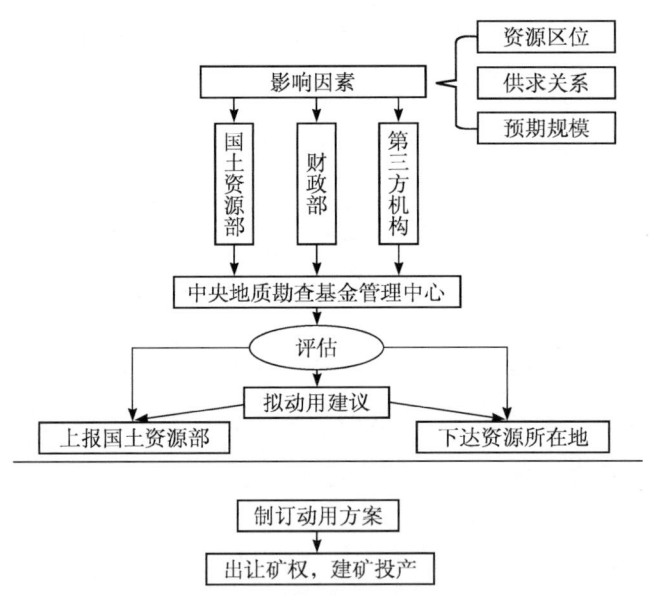

图 4-5 储备地动用流程框架图

储备地动用过程中，应该特别注意两个问题：一是影响储备地启动动用程序的影响事件及对事件后续发展的预警；二是启动储备地动用程序时各方机构的正确评估。这两个问题处理得是否妥当直接关系到储备地的战略安全和经济安全。

（五）储备地的轮换机制

储备地轮换，是在储备规模相对稳定的前提下，通过动态的矿产地收储和释放动用，适时调节矿产地战略储备布局，提高资源效益，促进产业结构调整和经济发展方式转变。因此，储备地轮换机制，主要取决于下列四个条件：

(1) 拟储备矿产地规模达到或者超出规划目标，考虑进行轮换；
(2) 拟储备矿产地具备区位比较优势，考虑进行轮换；
(3) 拟储备矿产资源具备稳定供给的替代资源，考虑进行轮换；
(4) 国家产业结构调整和经济发展方式转变要求储备地轮换。

为了保障国家战略安全与经济安全的矿产地储备，其轮换机制影响到储备的效果。我国处于快速工业化进程中，对资源需求量大，全球范围内矿产资源的态配置事件频繁是这一时期的两个特征。储备地轮换机制很大程度上受到信息预警机制、决策制订规则、执行操作力度、市场反馈状况及国际政治军事变革等一系列影响因子的反作用。

不同矿种在全球范围的资源条件差异较大，生产和需求不均衡，战略地位在不同国家也各有轻重。在国内，不同矿种储备地轮换影响因子作用强度也不尽相同。事关国家战略安全和能源安全的能源与军用资源对于信息预警机制的要求强度远高于铁、铜、煤炭等常规大宗物质；而稀土、钨、黄金、铂等稀有贵金属对于市场反馈状况的要求强度远高于铁、铜、铝等常规金属资源。因此，根据不同类型矿产资源自身特点，分为大宗常规资源储备地、稀缺资源储备地和战略资源储备地三大类，三个类型互有交叉。例如，煤炭属于大宗常规资源，稀土同时属于稀缺资源和战略资源。

储备地轮换机制流程，如图4-6所示。

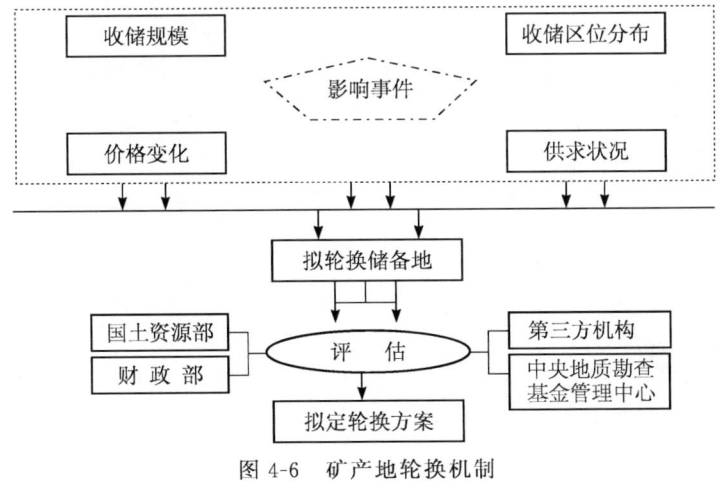

图4-6 矿产地轮换机制

矿产地轮换机制的中心环节是对轮换建议的评估，评估结果直接影响矿产地轮换机制的正常运行。为保障评估机制的及时有效，应该借助水平型决策管理模式，实现信息评估的精确、高效，避免决策盲区和公共利益部门化，减少外部负效应的干扰，保证矿产地轮换机制的正常运行。

第五章 矿产地战略储备资金及运作

第一节 矿产地战略储备资金保障

一 储备资金来源

充足的资金和良好的资金运作方式是矿产地战略储备顺利进行的重要保障。矿产地战略储备的资金来源主要有三种形式：中央财政拨款、矿产地战略储备股份制和吸纳社会资金。三种资金应当以中央财政拨款为主体，矿产地战略储备股份制和吸纳社会资金作为中央财政拨款的补充，三种资金共同保障矿产地战略储备资金的充足、稳定。

我国矿产地战略储备的主体是国家，储备资金的来源主体也应该是中央财政拨款。特别是矿产地储备刚刚启动，在资金保障上应全部依靠中央财政拨款。今后随着储备经验的积累和储备规模的扩大，条件成熟时，可以采用矿产地战略储备股份制和吸纳社会资金的方式，作为中央财政拨款的补充，减轻财政负担。矿产地战略储备能否顺利进行关系到国家战略安全，因此即使在矿产地战略储备成熟时期，为保障国家对矿产地战略储备的主导地位，也应当保持中央财政拨款占矿产地战略储备资金的50%以上。

（一）中央财政拨款

中央财政拨款是指由中央财政直接拨付，用于矿产地战略储备的收储、日常管理和运作、轮换、动用、后续勘查及对储备地进行补偿。进行矿产地战略储备最主要的目的是保障国家战略安全。因此，矿产地战略储备资金的主要来源是中央财政拨款。在矿产地战略储备试点阶段，以中央财政拨款作为矿产地战略储备资金的唯一来源。

（二）矿产地战略储备股份制

矿产地战略储备具有投资大、周期长且储备期间不产生收益的特点。如果仅依靠中央财政拨款开展矿产地战略储备，势必会给国家财政带来较大压力。因此，从长远考虑，建立矿产地战略储备股份制，由矿产地战略储备相关利益部门成立矿产地战略储备股份作为矿产地战略储备的一种资金来源,可以缓解国家财政压力,保障矿产地战略储备资金充足。矿产地战略储备股份由中央控制,由与矿产地战略储备相关的利益部门设立。与矿产地战略储备相关的利益方包括储备地人民政府、大中型国有矿山企业和其他矿业权所有人等。这些利益方可以采用现金股份和实物股份两种形式入股。其中,实物股份形式是指相关利益方用矿业权入股。矿产地战略储备股份由中央地质勘查基金中心进行管理、运作和使用。

(三) 吸纳社会资金

社会资金是指市场社会化分配过程中所形成的归政府、金融机构、企业、居民家庭四部门支配资金的统称,社会资金作为国民经济运行中的"血液",是市场经济发展的重要推动力[①]。在现实中,除了矿产地战略储备相关利益方外,在其他行业和公民个人手中还存在大量社会闲散资金,这部分资金如果不投入社会再生产,就会造成闲置和浪费。而矿产地战略储备的建设和运行需要大量的资金投入,可以吸收这些社会资金用于矿产地战略储备。这既可以增加储备资金,缓解中央财政的负担,又可以避免资金闲置带来的浪费。吸纳社会资金的形式是多样的。

1. 发行矿产地战略储备长期债券

由矿产地战略储备主管部门发行矿产地战略储备债券,以国家信用作担保,吸引社会上的小额闲置资金。

考虑到矿产地战略储备期间没有收益,为调动社会资金进入矿产地战略储备的积极性,债券的利率可以略高于当期银行同期贷款利率、国债利率或社会平均利润率水平。

2. 对矿产地战略储备实行资产证券化融资

资产证券化是指将缺乏流动性,但能够产生可预见现金流收入的金融资产转化成可以在金融市场上出售和流通的证券行为和过程[②]。

矿产地战略储备周期长、投资大、地点固定,一旦动用则可以带来可观的收益。因此,矿产地战略储备具备实行资产证券化融资的特点。对矿产地战略储备进行证券化融资,就是把矿产地战略储备作为资产,进行资产证券化,用来筹资,以储备地的开采预期收益和国家信用担保发行证券。因为储备期间没有收益,所以需要矿产地战略储备主管部门为储备证券化融资创设一定量的经

[①] 参见张根明所著《中国社会资金流量分析和政策建议》,载《金融与经济》1997年第8期。
[②] 参见王俊寿所著《我国商业银行资产证券化的体系设计》,载《南开经济研究》2002年第2期。

济收益，如设置未来矿产资源开采利益分成方案等形式。另外，非国有矿业企业投资矿产地战略储备的，可以给予一定时期的专营权，如允许其长期持有探矿权，储备地一旦动用，允许其优先取得采矿权等。

矿产地战略储备工作关系到国家安全，因此要设置社会资金进入矿产地战略储备的准入条件：第一，必须符合矿产地战略储备社会资金准入的具体规定，社会资金一旦进入，必须服从矿产地战略储备管理部门的规定和管理；第二，矿产地一旦被储备，何时开采由国家决定，社会资金对储备地的开采没有决定权，不能对储备地的开采时间进行资本权益性干涉。只有完全符合这两个条件的社会资金才允许进入矿产地战略储备。

二 资金运作

在储备资金来源充足、稳定、可靠的前提下，还需要制订科学合理的资金运作模式，保证矿产地战略储备顺利进行。

（一）储备资金的运作模式

资金的运作模式按照储备资金的三种来源可分为两种：国家所有模式和国家控股模式。国家所有模式的安全性高于国家控股模式。社会资金容易受利益驱动，变数较大，安全性较差。因此在储备资金的实际运行中，应当以国家所有模式为主，以国家控股模式为补充。

（二）储备资金的用途

储备资金主要用于矿产地战略储备的收储、动用及日常管理和运行，补充中央地质勘查基金后续勘查，储备地补偿等。在使用储备资金时，可以采取一次性支付、分期支付等形式。

1. 矿产地战略储备的收储、动用及日常管理和运行

矿产地战略储备的收储是储备管理机构根据矿产地战略储备专项规划，严格按照储备矿种、地区、规模目标，通过规划划定、矿权回购等形式进行矿产地战略储备的行为。矿产地战略储备的收储有三种形式：一是通过矿产资源规划直接划定；二是收储地勘基金勘查形成的矿产地；三是矿业权回购。

动用储备地，应由管理机构组织专业研究机构或专家在形势分析的基础上提出科学合理的矿产地战略储备动用方案，报送国务院国土资源主管部门批准后才可动用。因此，矿产地战略储备动用资金主要是用于支付专业研究机构或专家的研究费用，以及在制订动用方案和报送过程中产生的相关费用。

矿产地战略储备的日常管理和运行资金主要是用于储备管理机构人员工资，

以及储备地区日常管理和维护费用。

2. 中央地质勘查基金进行后续勘查的补充资金

通过全国矿产资源规划确定的规划储备区通常勘查程度比较低。对于这样的储备规划区，就需要储备管理机构会同地质勘查单位进行后续勘查，摸清资源储量、品位、现有和潜在的经济价值，以备今后开发利用。进行后续勘查所需的费用除从地勘基金中列支外，矿产地战略储备资金也可作为后续勘查的补充资金。经过进一步勘查后，将符合储备条件的矿产地纳入储备库管理。

本次划定的试点地区中，内蒙古自治区东胜煤田深部区、鄂尔多斯乌审召地区煤炭预查区的地质勘查程度比较低。储备后需要后续勘查，摸清其储备规模及品质。在这两个储备地的储量、品质、现有和潜在的经济价值确定后，将符合储备条件的矿产地纳入储备库管理。

3. 矿权回购

矿权回购包括探矿权回购和采矿权回购。

（1）探矿权回购。矿产地战略储备的探矿权回购，主要是回购国家拟储备矿种处于我国主要成矿区带上的探矿权。

（2）采矿权回购。已形成采矿权的地区具有矿产资源勘查水平高、资源保障程度高的特点。一旦矿产地战略储备需要动用，开发周期短，回购采矿权进行的矿产地储备对国家战略安全的保障程度高于勘查水平低的矿产地。回购采矿权的资金从矿产地战略储备专项资金中支付。矿权回购按照矿业权评估价格购入。

4. 矿产地战略储备的补偿资金

矿产地战略储备补偿是矿产地战略储备专项资金的重要用途之一。设立矿产地战略储备补偿资金是为了降低矿产地战略储备对当地的经济利益和社会稳定造成的不利影响。补偿的形式可分为短期的财政补贴和长期的替代产业扶植。短期和长期补偿的目的不同，补偿的对象也不同。短期的补偿对象可能是当地政府或矿山企业。而长期的补偿则只是当地政府，当地政府利用补偿资金扶植替代产业。

三 保障储备资金合理使用的措施

（一）制订科学合理的矿产地战略储备规划

科学合理的矿产地战略储备规划能够保障储备资金的合理使用。在制定矿产地战略储备规划时，应组织专家对拟储备矿种、布局、规模等进行科学论证，以避免因规划不合理而造成储备资金运作问题。

（二）设立储备资金监管机构

设立矿产地战略储备资金监管办公室，直接归国务院矿产地战略储备管理委员会管理。根据矿产地战略储备管理体系各层次的机构职能，管理层主要掌控储备地产业扶植资金；执行层掌控后续勘查补充资金、矿权回购资金、储备地补偿资金；操作层掌控矿产地战略储备日常维护资金。因此矿产地战略储备资金监管办公室的下属机构要分别对管理层、执行层和操作层的资金运作全面监管，确保储备资金的运行和管理科学合理（图5-1）。

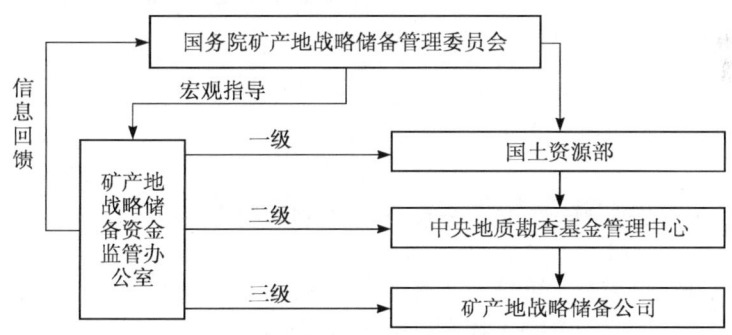

图 5-1 矿产地战略储备资金监管模式

监管办公室的主要职责是：①监督储备资金的流向和流量，确保专款专用；②向国务院矿产地战略储备管理委员会汇报并定期发布储备资金的使用情况，确保储备资金使用透明；③对资金使用的违规行为，冻结并调查，及时汇报国务院矿产资源储备管理委员会，限期整改。

第二节 矿产地战略储备的补偿机制

矿业是解决地方就业的重要行业之一，同时矿业税收是资源型城市政府收入的主要来源。开展矿产地战略储备，短期会对当地的税费收入、就业和经济社会发展造成一定程度影响。尤其是在矿业大省设立储备地，短期的影响更为明显。另外，矿产地储备来自非国家性质的矿权所有人阻力不容忽视。为此，需要通过补偿平衡中央与地方利益，调动企业和矿权所有人积极性，确保矿产地战略储备顺利进行。

一 矿产地战略储备补偿原则

建立补偿机制应当遵循法制化、规范性、灵活性和适应性、适度性的原则。

(1) 法制化：在法律许可范围内实现补偿。

(2) 规范性：补偿机制的运行方式、体系和程序必须规范。

(3) 灵活性和适应性：资源条件差异，矿业开发对不同地区的经济贡献程度和解决就业情况不尽相同，需要准确判断储备地对当地经济、就业等情况的影响程度，采取梯度、差别的补偿政策，体现补偿机制的灵活性和适应性。

(4) 适度性：对储备地的补偿标准过高或过低都不利于矿产地战略储备的顺利运行。补偿标准过高，会造成储备资金紧张，财政负担加重；反之，则会造成中央和地方利益不协调，地方对矿产地战略储备积极性不高，增加不稳定因素。因此，需要深入调研，组织相关专家或研究机构对储备地的影响进行综合评价，制订合理、适度的补偿标准。

二 矿产地战略储备补偿的对象、范围及方法

矿产地战略储备补偿的对象主要有：储备地当地政府和矿山企业。补偿对象、范围及方法要根据储备地勘查程度的不同而分别设置。

(一) 未形成矿权的储备地

该类储备地的补偿对象是当地政府。补偿标准按照虚拟探矿权出让收益进行。补偿方式有两种。

1. 矿权规费减免与财政资金补偿互补法

属于省级地质矿产主管部门登记管理范围的探矿权、采矿权的使用费和价款，补偿给省级财政。属于国务院地质矿产主管部门登记管理范围的探矿权、采矿权的使用费和价款不予补偿。

补偿核算模型一

$$R_{财政资金补偿额度} = V_i + \sum_{i=1}^{m} [V_j (1+\sigma)^{-i}]$$

式中，V_i 为年度当期虚拟探矿权出让价款中地方获得份额；σ 为资金时间价值，以资本年利率来替代；V_j 为虚拟探矿权使用费地方获得份额；$m \leqslant 7$。

2. 矿权规费减免与储备矿权利益共享法

将储备期间的规费减免与矿权释放动用后的收益相挂钩，以矿权出让金收益和资源有偿使用费两项收入作为今后矿权利益共享的主要依据。将当期利益

损失通过远期利益进行弥补，体现利益分配的均衡原则，为国家和矿产地所属行政区域内保留部分资源，共享资源收益，实现当前利益和长远利益相结合。

补偿核算模型二

$$R_{资源利益分红额度} = \sum_{i=1}^{n} [(V_i + L_i)(1+\sigma)^i]$$

其中，V_i 为年度当期探矿权出让金；L_i 为年度资源补偿费；σ 为资金时间价值，以资本年利率来替代；n 为储备年限。

（二）已形成采矿权但未出让的储备地

对已形成采矿权但未出让的储备地进行补偿，其补偿对象是当地政府，补偿范围主要是矿权出让预期收益和矿区开采预期收益。补偿方法是

储备地补偿费＝（矿权出让预期收益＋年开采预期收益）×（11－n）× 10%（n 为补偿年限，$n \leqslant 10$）

其中，矿权出让收益可以通过当前矿权价值进行核算。开采预期收益可以通过当地同类型矿山企业平均年营业税进行核算。估算方法是

$$年开采预收益 = 储备地规模 \times \frac{已开采矿区年收益}{已开采矿区规模}$$

当地政府所获得的补偿资金必须全部用于扶持当地的替代产业。

（三）已出让采矿权但未生产的储备地

采取矿业权回购方式，对象是采矿权所有人。按照机构评估的矿权价值回购。

（四）回购已生产矿区的储备地

补偿对象是当地政府和矿山企业。对当地政府的补偿包括开采预期收益和对失业职工的补偿。对矿山企业主要是矿权回购和补偿机器设备的闲置成本。

1. 对储备地政府的补偿

对当地政府的补偿包括开采预期收益补偿和失业职工补偿两部分内容。

（1）开采预期收益的补偿。开采预期收益主要是预期可从矿山企业收取的相关财政收入，如矿产资源补偿费、资源税、企业所得税、教育费附加、增值税、城市维护建设税等。

对储备地政府进行补偿，首先要与储备地政府签订《矿产地战略储备补偿资金协议》，明确补偿额度、补偿期限、补偿资金用途（一般要求用于发展替代产业）、补偿资金递减幅度、储备地政府的责任和义务和替代产业建设年限等。在储备初期，考虑到储备造成的税费损失，采取"逐年递减，分期支付，全额补

偿"的补偿方式，待替代产业成熟时，取消补偿。用公式表示为

储备地政府开采预期收益＝年矿业税费总和×（11−n）×10%（n 为补偿年限，n≤10）

其中，第一年补偿比例为 100%，之后按照年 10% 的比例逐年递减。

（2）对失业职工的补偿。生产矿山储备以后，职工的安置和再就业至关重要。失业职工安置补偿费由中央财政直接拨付给储备地政府，由当地政府负责发放，解决失业职工安置和再就业。

失业职工安置补偿的目的是给予下岗职工基本的生活保障，确保其生活稳定。补偿标准要合理，可以参照当地最低生活保障标准。具体补偿方法参照《国务院关于在若干城市试行国有企业破产有关问题的通知》（国发〔1994〕59号）和《国务院关于在若干城市试行国有企业兼并破产和职工再就业有关问题的补充通知》（国发〔1997〕10号）的规定，固定工和合同工按不同的标准计算安置费用。合同工按照解除劳动合同的有关规定办理；固定工原则上按照储备地企业所属城市的企业职工上年平均工资收入的三倍计算。对于自谋职业的可一次性付给安置费，标准不高于所在城市企业职工上年度年平均工资收入的三倍。

失业职工安置补偿只是短期办法，长期来看，对失业职工的补偿是要解决再就业。可以采取与矿山职工签订《矿产地战略储备地矿区职工再就业协议》的形式，在协议中标明政府或矿山企业为下岗职工解决再就业的最长年限，对于规定年限内自主创业的职工给予奖励。

2. 对矿山企业的补偿

对矿山企业的补偿包括回购矿业权和补偿机器设备闲置成本。

（1）矿权回购。委托矿业权评估机构对拟储备地的矿权进行评估，根据评估价值回购，可以采用多种灵活形式。①按照评估价值一次性购买；②与矿山企业签订合同，允许其在矿产地战略储备期间持有矿权，当储备地动用时，给予税费减免的优惠政策。但采用这种补偿方式的前期是国家对于储备地区何时动用拥有绝对控制权，矿权所有人无条件服从矿产地战略储备的相关规定。矿权所有人可以从以上两种形式中选择。

（2）对机器设备闲置成本的补偿。储备已生产矿山，会造成矿山机器设备闲置。按照矿山企业资产负债表中机器设备扣除折旧后的净值进行补偿或购买。

（五）矿产地战略储备补偿的特殊情况

拟储备地属于以下情况之一，不予补偿：

（1）拟储备矿产地在当前技术条件下开采不经济的，即无法给储备地带来当前收益的矿产地，在进行储备时不予补偿；

（2）中央拟储备矿产地与地方拟储备矿产地相同，或地方已列为储备的矿

产地，不予补偿。

三 矿产地战略储备补偿的资金来源

矿产地战略储备补偿的资金由储备管理部门从储备专项资金中统一拨付，由各级监管机构监督管理资金的运行情况。其中，短期补偿资金按照相应标准全部采取中央财政拨款。长期用于扶植替代产业的补偿，除中央财政拨款外，还可以吸纳储备地社会资金。对当地替代产业的发展给予税收优惠，积极鼓励社会资金发展替代产业。

四 矿产地战略储备补偿的管理

矿产地战略储备补偿的管理主要包括以下几个方面。

(1) 制订科学合理的补偿标准。为加强储备补偿管理，在补偿过程中，需要组织相关专家或研究机构论证储备地虚拟开发所能带来的经济效益和社会效益，从而确定补偿标准和支付方式。

(2) 严格监管补偿资金，确保资金专款专用。补偿资金拨付应尽量直补给受补对象，减少中间环节，避免在资金拨付过程中出现补偿资金挪作他用的情况发生。

(3) 严格按照与矿产地签署的《矿产地战略储备补偿资金协议》执行补偿计划。严格控制补偿资金的数量和补偿年限。

(4) 将协助矿产地战略储备日常维护和管理、发展替代产业纳入当地政府业绩考核范围，调动储备地政府的积极性。

五 储备的动态补偿机制

对矿产地战略储备的补偿是一个复杂的动态过程。在补偿过程中，矿产地战略储备的矿种、规模等都可能随着国内外矿产资源供需形势、价格、国内找矿新发现及主要资源国相关资源政策的变化而变化，出现新的补偿问题。因此，矿产地战略储备的补偿方式和补偿标准要根据国家相关法律、储备政策、储备矿种储量变化情况、当地替代产业发展状况、国际市场产品可得性等因素做出适时调整。

第三节 矿产地战略储备试点工作资金估算

按照第三章矿产地战略储备布局设计,划定三个矿产地作为储备试点:内蒙古自治区东胜煤田深部区、鄂尔多斯乌审召地区煤炭预查区和内蒙古自治区伊盟东胜煤田普查区。其中,伊盟东胜煤田普查区内有9个矿山企业。矿产地战略储备试点期间所需资金,由组织运行管理费用、补偿资金和后续勘查费用三部分组成。三部分费用所需资金总额为44.92亿~45.25亿元(表5-1)。

表5-1 矿产地储备试点期间资金估算表 (单位:亿元)

补偿费名称		金额	合计金额
组织运行管理费用	人员经费	0.034 8~0.041 7 6	0.096 82~0.116 18
	日常运行管理	0.062 02~0.074 42	
补偿资金	补偿储备地政府	6.76	43.99
	补偿矿山企业	37.23	
后续勘查费用			0.83~1.14
总计			44.92~45.25

各补偿费估算如下。

一 组织运行管理费用

试点期间组织运行管理费用主要是人员经费和日常运行管理支出,数值为968.2万~1161.8万元。

(一)人员经费支出

根据2007年和2009年国土资源系统事业单位从业人员、劳动报酬和职工经费支出情况估算试点储备期间人员经费。根据矿产地战略储备垂直型层级管理架构测算试点期间需要管理人员50~60人。考虑到试点期间存在的不确定性因素,选择经费区间较高的348万~417.6万元为标准(表5-2)。

表5-2 矿产地战略储备试点期间人员经费支出估算表

年份	单位	年末在编职工总数/人	职工工资总额或经费支出/万元	职工平均工资/万元	人员经费区间估算/万元
2007	单位A	5 381	28 063.10	5.22	261~313.2
2009	单位B	292	2 031	6.96	348~417.6

资料来源:《中国国土资源年鉴2008》。

(二)日常运行管理支出

参照国土资源系统事业单位的日常运行管理支出,测算试点储备期间日常运行管理费用区间为 620.2 万～744.2 万元。

二 补偿资金

试点期间补偿资金分为对储备地政府的补偿和对矿山企业的补偿两部分。估算补偿资金为 43.99 亿元（其中对储备地政府的补偿为 6.76 亿元，对矿山企业的补偿为 37.23 亿元）。

（一）对储备地政府的补偿

试点期间，对储备地政府的补偿是指对伊盟东胜煤炭普查区地方政府的补偿。补偿包括储备地政府开采预期收益和对失业职工的补偿两部分。

1. 开采预期收益补偿

开采预期收益 = 年矿业税费总和 × P_i

P_i 表示年度补偿百分比。第一年 P_i 为 100%，之后逐年按照 10% 递减，分期支付。

年矿业税费总和是由矿产资源补偿费、煤炭资源税、增值税、城市维护建设费、企业所得税和教育费附加等组成。根据实地调研，鄂尔多斯市煤炭坑口价平均价为 300 元/吨，产量按照核定产能 267 万吨/年计算（表 5-3）。

表 5-3 矿业税费计算表

税目	计算公式	金额/万元
矿产资源补偿费	矿产资源补偿费 = 年产量 × 价格 × 1% × 60%	480.6
煤炭资源税	煤炭资源税 = 年产量 × 3.2 元/吨	854.4
增值税	增值税 = 年产量 × 价格 × 税率 × 25%	2 603.25
企业所得税	企业所得税 = 25% × 年产量 × 价格	20 025
教育费附加增值税	教育费附加 = 增值税 × 3%	28.097 5
城市维护建设税	城市维护建设税 = （增值税 + 企业所得税） × 1%	226.282 5
总计		24 267.63

注：增值税 = （销售额 − 非增值税应税项目） × 税率。由于小型矿山计算时可以不计非增值税应税项目，因此增值税计算公式简化为：增值税 = 销售额 × 税率

经测算，对地方政府开采预期收益的补偿金额为 2.43 亿元。

2. 对失业职工的补偿

2008 年鄂尔多斯市城镇单位在岗职工年平均工资为 3.6 万元，伊盟东胜煤田普查区的职工人数为 4005 人。对失业职工的补偿按照三倍的标准予以补偿，补偿金额为 4.3254 亿元。对伊盟东胜煤炭普查区地方政府的补偿费用约为 6.76 亿元。

（二）对矿山企业的补偿

在三个试点矿区中，涉及矿山企业补偿的是内蒙古自治区伊盟东胜煤田普查区，补偿对象是该矿区的九个矿山企业。

计算公式[①]：$Z = n \times \left(k_1 \cdot k_2 \cdot k_3 \cdot M \cdot \sum Q_c \right) + J$

式中，Z 为矿业权价值。n 为矿业权价值参数，一般取 0.10～0.05，即可采矿产市场价值的 1/10～1/20 为矿权价值，价值较高的贵金属及有色金属一般取 0.10，价值较低的黑色金属及非金属一般取 0.05。k_1 为气候环境参数，无冰可生产期 300 天设为 1.00，200 天设为 0.75，100 天设为 0.50，其他采用插值法计算。k_2 为基础建设环境参数，包括水、电、路等，齐全设为 1，50 千米以内设为 0.7，100 千米以内设为 0.5。对于不同矿种，基础建设环境要求不同，取参数值也有所不同，运量大的矿产环境依赖程度较高，因此需要实际测算。k_3 为矿石可选性，根据选矿难易程度设计参数，或者以选出率为参数。M 为某种矿产前 3～5 年的平均市场价格及趋势值。Q_c 为可采储量或者可以利用资源储量。J 为前期已经投入的建设基金量。

参照上面公式，9 个矿区的各项参数取值分别是：$n=0.05$；$k_1=0.75$；$k_2=1$；$k_3=1$；$M=300$ 元/吨；$Q_c=2.36$ 亿吨；$J=10.68$（亿元）。

按照山西、陕西大型煤矿现有资料计算，吨煤投资平均在 350～400 元/吨，由于拟储备的 9 个煤矿均是小型，吨煤投资偏大，在进行估算时按照 400 元/吨计算。按照公式 $J=$ 年生产能力×吨煤投资，则 9 个矿权的前期建设基金量为：$J=267\times400=10.68$（亿元）。

9 个矿权的价值合计

$$Z = 0.05 \times (0.75 \times 1 \times 1 \times 300 \times 2.36) + J$$
$$= 26.55 + 10.68$$
$$= 37.23 \text{（亿元）}$$

三 试点期间后续勘查费用

地质勘查成本及地质工作程度与实际找矿效果（获得的资源储量和类别）密切相关。后续勘查受地质条件、施工环境、钢材、油类等物价上涨和资源勘查风险大小等影响，通常以吨煤勘查成本或单位面积勘查费用来衡量。预计后续勘查成本为 1.10～1.50 元/吨。根据经验测算，后续地质勘查费用为 0.83

---

① 肖荣阁，王淑丽，石晓琛，等. 2009. 矿产资源评价与矿业权评估. 资源与产业，(3)：38～43.

亿~1.14亿元（表5-4）。

表 5-4　煤炭矿产地试点储备后续勘查成本预测

矿区	资源储量
东胜煤田深部区	2 232 586 万吨
鄂尔多斯乌审召地区煤炭预查区	5 371 590 万吨
伊盟东胜煤田普查区	23 596 万吨
资源储量总计	7 627 771 万吨
成本计算比值	1.10~1.50 元/吨
后续勘查费用	0.83 亿~1.14 亿元

第六章 结 论

一 主要结论

本书系统归纳了国内外矿产资源储备的研究成果,总结了借鉴经验。在此基础上对中国矿产地储备进行了系统研究,界定了矿产地储备的内涵,探讨了矿产地储备的特点、原则和目的,研判了中国矿产资源供需形势和国内资源潜力,提出了影响矿产地储备的主要因素,采用AHP层次分析法确定了储备矿种,建立了确定矿产地储备规模的数学模型,设计了储备布局,提出了中国矿产地储备的管理体制和运行机制,并首次提出并设计了储备指数作为矿产地储备规模调整、轮换、动用的依据,估算了试点储备资金,研究了矿产地储备的保障措施,尤其是储备资金和储备补偿机制、标准和方式,并据此提出了中国矿产地储备的政策建议,拟订了中国矿产地储备管理暂行办法和试点方案。具体情况,现做如下总结。

(1) 矿产地战略储备在国外实践较早。英国1917年首次提出矿产地储备,美国1923年首次在阿拉斯加北坡开展含油地储备。但国外可供查阅研究文献很少。

国外矿产地储备的主要特点:探明储量或未探明资源量,国家投资普查或勘查,都是只许勘查而不得开发;矿法主要调整矿产勘查开发过程中的各种经济和法律关系。矿产地储备的是保留的含矿土地,不受矿法管辖,不执行矿法中的矿业权管理制度;将储备与生态建设和环境保护有机结合起来。这既储备了矿产资源,又保护和提高了相应土地的生态价值。

国外矿产地储备的主要趋势:明确矿产资源战略储备的法律地位;政府储备与民间储备并存;稳定的储备经费来源;权责分明的储备管理和运行机制;逐渐释放矿产地储备。

(2) 目前,国内缺少对矿产资源储备尤其是矿产地储备的系统研究,研究成果仅限于学术论文,如步淑段 (1990),付英等 (1994),王玉平 (1998),王家枢等 (2000),陈毓川 (2002),齐亚彬 (2002),王安建 (2002),张新安 (2002),卜善祥和吕宾 (2003),孙永波等 (2005) 等的论文成果。

国内相关政策上,2003年12月,最早由国务院提出战略储备制度的三种形式,即矿产地战略储备制度、战略石油储备制度和矿产品战略储备;2006年,

《国土资源"十一五"规划纲要》中明确建立我国矿产资源储备机制,推进能源和重要矿产资源战略储备,启动矿产品战略储备,逐步推进探明矿产地的战略储备;2005 年,《关于进一步推动矿产资源有偿使用制度改革的初步设想》中,提出通过建立矿业权储备制度增强国家对矿产资源开发利用的宏观调控;《全国矿产资源规划(2008~2015)》对建立矿产资源战略储备体系提出了建议,并提出了建立矿产地战略储备机制的有关实施内容。

（3）通过国内外矿产资源形势与社会经济的发展关系研究,笔者界定了矿产地战略储备的内涵,总结了它的特点,提出了矿产地战略储备的目的和影响矿产地储备的主要因素。

我国战略性矿产资源是指对国民经济和国防安全至关重要的、受资源短缺或技术能力制约,国内供应不能满足的,或发生供应中断、市场震荡时会对重要产业和国防安全产生巨大影响的,以及对世界市场具有调控能力的矿产资源。

矿产地战略储备是后备矿产资源开发基地的一部分。后备矿产资源开发基地是指经过地质勘查划定蕴藏有或可能蕴藏有矿产资源的地区。这些地区一部分继续开展地质工作,直至开发利用;另一部分则为了经济社会的可持续发展,应对未来需求,或当前开发技术不可行、开发不经济,为了尽可能地提高资源的利用效益,实现资源的合理配置而储备起来作为战略保留基地,留待以后勘查、开发和利用。这种行为称之为矿产地战略储备,也称矿产地储备。矿产地储备的量取决于矿产资源储备的规模和结构。

矿产地战略储备特点是中长期储备,储备成本低,便于管理,保障时效长,通过增储、轮换和梯次动用等方式,调节幅度大,储备形式更安全,是矿产资源参与宏观调控的重要手段。但矿产地储备对短期的供应中断和价格变化的反应能力弱。

矿产地储备的目的是保护优势资源,减少短缺资源浪费,提高资源的开发利用效益,保护环境,保障国家经济安全,均衡资源和收益的时空分配,促进产业结构调整和经济发展方式转变,实现可持续发展。

按照不同分类标准,矿产地战略储备可以分为：规划储备和矿权回购储备；优质矿产地储备和非优质矿产地储备；大、中、小型矿产地储备；储量储备和远景资源储备。各种储备形式需要合理搭配。矿产地战略储备是一项系统工程,受我国的综合国力、资源禀赋、国家发展战略、科技发展水平,以及国际政治与经济环境等诸多因素的影响。我国矿产资源战略储备的基本原则是保障优先、量力而行、合理布局、统筹兼顾和适度超前。

（4）国内外通常将 45 种矿产资源作为研究对象。结合我国的资源特点,在确定储备矿种时,选择在经济社会发展中具有重要作用的 30 种支柱性资源作为研究对象。依据影响矿产地储备的主要因素,设置指标,利用层次分析法对国内 30 种重要资源展开定量分析,确定将煤炭、稀土、锑、钨、铜、镍、铝、锰、铬9种资源作为首批开展矿产地战略储备的矿种。从资源现状、产业现状和政策支撑等方面选择煤炭和稀土作为矿产地战略储备的试点矿种。

（5）矿产地储备可以依据矿产地的不同勘查程度选择不同的规模确定方法。详查之前未形成储量的矿产地可以按照矿地面积或资源量确定储备规模；形成储量的矿产地储备规模可以参考产品储备规模来确定。

储备矿种具有不同的资源特征、赋存状况和供需形势，储备规模的确定方法也各不相同。为了提高效益和保护资源，大宗短缺资源以储备经济品位以下的资源为主，减少掠夺式开发和矿产地储备对资源供应短期的抑制作用；优势资源以储备勘查程度高、易采选、埋深浅、品位高的大型优质矿产地为主，保护资源，增强矿产地战略储备的调控作用。试点阶段的储备规模依据布局确定。

利用不同的方法从不同角度建立了优势与短缺、边际品位和采选综合回收率三种储备规模数学模型，测算了储备规模，建立了储备规模的调整机制，建立了储备规模模型。

优势资源基本储备是以当前我国资源产品的年消耗量，或者控制开采量为约束条件，测算未来5~10年我国需要消耗的资源储量，已经探明的资源总储量减去需要消耗的，确定为基本储备规模。按照保证国内外消费和储备的不同情况将优势资源增量储备分为低度储备、中度储备和高度储备三种模型。

按照全球和国内资源储采比的不同状况将短缺资源储备分为红色预警、橙色预警和黄色预警三种储备模型；短缺资源主要储备经济品位以下的资源，经济品位模型 α_1 为

$$\alpha_1 = \frac{\beta \cdot C_a}{(1-\rho) \cdot \varepsilon_0 \cdot V_c}$$

式中，α_1 为盈亏平衡品位（％）；β 为精矿品位（％）；C_a 为吨矿石的全部折算成本，包括采矿、选矿、企业管理费及销售费（元/吨）；ρ 为采矿贫化率（％）；ε_0 为选矿回收率（％）；V_c 为精矿产品价格（元/吨）。

利用矿产品储备量核算矿产地储备规模

$$Q_R = Q_1 \cdot \overline{C} \cdot R_c / \overline{C_1} \cdot \gamma$$

式中，Q 为矿产品储备量；Q_1 为国外矿产品储备量（依据我国国情合理选取一个参照国储备量）；$\overline{C}$ 为我国月均矿产品需求量；$\overline{C_1}$ 为国外月均矿产品需求量（依据我国国情合理选取一个参照国的月均消费量）；Q_R 为矿产地储备的储备规模；R_c 为我国生产单位矿产品的平均储量消耗；γ 为采选综合回收率。

（6）利用布局理论和发展规划，依据现有规划和资源潜力评价，结合储备矿种开发利用现状和分布特点、环境因素、经济技术条件等，分阶段对国内矿产地储备进行布局设计，确立了布局的调整机制。

首批矿产地战略储备布局分别是：

煤炭——内蒙古5处，山西4~8处，新疆2处，陕西2处，贵州、山东和安徽各1处

稀土——江西1~2处，内蒙古1~2处，广东和四川各1处

锑矿——湖南和广西

钨矿——湖南、江西、河南和甘肃

铜矿——江西、内蒙古、云南、西藏、甘肃

镍矿——甘肃

铝土矿——山西、河南、广西和贵州

铬铁矿——西藏、内蒙古、新疆和甘肃

锰矿——湖南、广西和云南

矿产地储备布局的调整条件是矿产品供需形势发生根本性变化；替代产品的出现并广泛应用；采选冶成本（技术）发生重大变化；环境承载力显著变化；基础设施建设比较完备；地质工作的重大发现。

（7）研究了矿产地储备的储备、动用、轮换、管理等问题，提出了我国矿产地储备的管理体制和运行机制。针对影响储备规模的关键因素，首次提出并设计了储备指数，作为矿产地储备规模调整、轮换、动用的依据。

将影响储备的复杂因素，如国际收支及外汇储备、利率、通货膨胀、政治局势、供求关系、经济周期、政府政策、社会因素等抽象成储备指数。储备指数由矿产资源供需弹性系数、矿产资源需求价格弹性系数、矿产资源汇率价格弹性系数和期货价格弹性系数共同组成，各系数有不同的权重。

$$\begin{cases} R_s = \sum (R_{sd} + R_{dp} + R_{mr}) \\ R_{sd} = \begin{cases} 0.7, & E_{sd} \geqslant 1 \\ 0, & E_{sd} < 1 \end{cases} \\ R_{dp} = \begin{cases} 0.15, & E_{dp} \leqslant 0 \\ 0, & E_{dp} > 0 \end{cases} \\ R_{mr} = \begin{cases} 0.15, & E_{r_e p} \geqslant 0 \text{ 或 } E_{fp} < 0 \\ 0, & E_{r_e p} \geqslant 0 \text{ 和 } E_{fp} < 0 \end{cases} \end{cases}$$

$$R_s = \sum (R_{sd} + R_{dp} + R_{mr})$$

动用轮换采取"地方申请，专家评估、中央审批"的程序。这里的专家主要是矿产地战略储备专家小组，中央审批工作由国土资源部会同财政部执行。

调整的周期不宜过短、频率不宜过快。与五年规划保持同步，即每五年进行一次评估，通过《矿产资源储备专项规划》做出调整方案。

（8）研究了储备的资金来源及用途，提出了开展矿产地储备的补偿机制。依据勘查开发的不同阶段，建立了核算补偿的三个数学模型。

补偿模型一

$$R_{财政资金补偿额度} = \sum_{i=1}^{n} [V_i(1+\sigma)^i - V_i]$$

补偿模型二

$$R_{财政资金补偿额度} = V_i + \sum_{i=1}^{m} [V_j(1+\sigma)^{-i}]$$

补偿模型三

$$R_{资源利益分红额度} = \sum_{n}^{i=1} [(V_i + L_i)(1+\sigma)^i]$$

式中，V_i 为年度当期虚拟矿业权出让价款中地方获得份额；σ 为资金时间价值，以资本年利率来替代；V_j 为虚拟矿业权使用费地方获得份额；L_i 为虚拟开发时，资源补偿费的地方分成；$m \leqslant 7$；n 为从储备到动用期间的时间。

笔者推荐采用模型三。核算的补偿总额，按照10%的递减比率分10年补偿给地方政府。由于按照所有地方分成进行补偿，因此在储备地开发后，地方只分成矿业权使用费，矿业权价款全部归中央，相当于在储备地开发前分10年提前完成矿业权价款地方分成的折旧。

二 创新点

本书通过对矿产地储备内涵、储备模式与储备管理分析，开展中国矿产地储备体系的相关研究，对于调控资源配置，提高资源开发利用效益，实现经济中长期可持续协调发展具有重要的理论和实际意义，并取得以下创新性成果。

(1) 通过国内外矿产资源形势与社会经济的发展关系研判，对比分析了矿产品储备与矿产地储备，提出了矿产地储备的内涵、特点和储备目的，提出了影响矿产地储备的主要因素。

(2) 利用层次分析法对国内30种重要资源展开定量分析，确定了首批开展矿产地战略储备的矿种。从资源现状、产业现状和政策支撑等方面选择了矿产地战略储备的试点矿种。

(3) 利用不同的方法从不同角度建立了优势与短缺、边际品位和采选综合回收率等三种储备规模数学模型，测算了储备规模，建立了储备规模的调整机制，建立了储备规模模型。

(4) 利用布局理论和发展规划，结合储备矿种的分布特点和开发利用现状，分阶段对国内矿产地储备进行布局设计，建立了布局的调整机制。

(5) 研究了矿产地储备的储备、动用、轮换、管理等问题，提出了我国矿产地储备的管理体制和运行机制。针对影响储备规模的关键因素，首次提出并设计了储备指数，作为矿产地储备规模调整、轮换、动用的依据。

（6）研究了储备的资金来源及用途，提出了开展矿产地储备的补偿机制。依据勘查开发的不同阶段，建立了核算补偿的三个数学模型。

（7）提出了开展矿产地储备的系统思路。

三 需要继续研究的问题

（1）在现有的管理体制下，需要建立矿产地储备与矿产品储备之间既简单又快速的协调反应机制。

（2）针对地质工作程度低的资源地，建立科学的储备规模评估模型。随着地质工作程度的深入，确定其储备规模并及时调整，保证并稳定国家的储备目标。

参考文献

安丰全，裴建军.2005.对日本石油储备管理经验的新认识.国际石油经济，(3)：35~37.

鲍艳.2005.矿产资源枯竭城市土地利用结构及其优化.中国矿业大学博士学位论文.

本杰明·戈梅斯·卡斯.2000.国际贸易与竞争.大连：东北财经大学出版社.

卜善祥，吕宾.2003.关于我国建立石油储备的思考.资源产业，(4)：37~39.

步淑段.1990.建立矿产资源储备标准提高地质经济效益.江北地质学院学报，(14)：441~451.

曹树培.2007.政府在矿业权管理和市场运行中的定位.国土资源情报，(11)：50~54.

陈其慎，王高尚.2007.我国非能源战略性矿产的界定及其重要性评价.中国国土资源经济，(1).

陈毓川.2002.建立我国战略性矿产资源储备制度和体系.国土资源，(1)：20~21.

程兵.2007.估值原理.北京：高等教育出版社.

崔巍.2008.经济发展、资源功能与中国配置绩效与策略.当代经济管理，30(4)：16~20.

但彦铮.2004.国家安全学.北京：群众出版社.

董秀成，郭小哲.2007.加快建立石油商业储备体系.中国石油企业，(2)：60~61.

段孝平.2007.关于地勘单位完善体制创新机制的若干问题.西部资源，(6)：2~5.

方维萱.2008.建设成熟的矿业资本市场.中国有色金属，(10)：30~31.

弗里德利希·奥古斯特·冯·哈耶克.1997.自由秩序原理.邓正来译.上海：生活·读书·新知三联书店.

付英.2001.试论21世纪初中国的矿产资源战略.金属矿山，(1)：20~28.

付英，陈尚平，卜善祥，等.1994.矿产资源与社会经济发展.北京：地震出版社.

傅新.2009.完善我国战略石油储备模式的若干思考.军事经济研究.(8)：19.

盖静.2009.我国矿业权交易市场问题研究.资源与产业，(4)：147~149.

干飞.2009.我国矿业权交易市场建设与发展分析.当代经济，(1)：60~61.

高兵，王丽艳.2006.矿产资源的税费制度初探.资源与产业，8(3)：107~108.

高波，张志平.2008.发展经济学——要素、路径与战略.南京：南京大学出版社.

郜瑾.2008.我国战略矿产资源管制的政府责任.河南社会科学，(S_1)：114~115.

关凤峻.2001.资源税和补偿费理论辨析.中国地质矿产经济，(8)：1~3.

国家发展和改革委员会宏观经济研究院能源研究所课题组.2003.西部可持续发展的能源战略.宏观经济研究，(11)：35~37.

韩文秀，裴建军．2002．国外建立国家石油储备的做法和经验．经济研究参考，(3)：38~44．

郝芳，刘玉霞．2003．国外矿业权流转方式与管理制度．中国地质矿产经济，(5)：35~38．

郝俊峰，刘永慧．2008．内蒙古自治区主要金属矿产资源供需形势分析．资源与产业，10(3)：19~24．

何金祥．2007．美国矿产储备政策的简要回顾．国土资源情报，(4)：9~12．

何文渊，魏彩云．2005．中国油气资源发展现状面临的问题和对策．中国能源，27(1)：32~37．

何贤杰，余浩科，刘斌．2002．矿产资源管理通论．北京：中国大地出版社．

河南财经学院科研处课题组．2001．地区利益：我国产业结构失调的深层次原因及对策分析．新华文摘，(5)：53．

胡崇梅．2008．论煤炭资源的战略储备．山西焦煤科技，(5)：2~3．

胡建绩，陆雄文．2004．企业经营战略管理．第三版．上海：复旦大学出版社．

胡杰．2007．我国石油安全问题的现状与对策研究．法制与社会，(2)：765．

胡杰，鹿爱莉．2006．俄罗斯矿产资源开发利用及矿业投资环境．资源与产业，8(6)：77~81．

黄长征．2007．价值认知原理与金融市场价格操纵．北京：科学出版社．

黄霞，范豫．2007．关于我国矿业权一级市场机制的思考．湘潮，(9)：4~5．

计金标．2008．定位及其在税制改革中的地位．中国论文下载中心［2008-06-24］．

贾文龙，薛亚洲，任忠宝．2008．关于建立中国矿产资源储备体系的政策思考中国国土资源经济，(12)．

姜友林．2008．中国稀土出口价格表象及实质分析．价格月刊，(12)：12~13．

卡布尔．2000．产业经济学前沿问题．于立译．北京：中国税务出版社．

孔祥智，胡迎春．2003．西部地区能源产业发展的优势、重点和对策研究．资源·产业，5(4)：49~52．

《矿业权评估指南》修订小组．2004．矿业权评估指南．北京：中国大地出版社．

郎丽华．2008．中国贸易问题研究．北京：中国经济出版社．

李柏林，李英龙，李文瑶，等．2002．采矿权制度概述．金属矿山，(3)：4~6．

李方亨．2000．矿产经济与管理．武汉：中国地质大学出版社．

李皓，管宏平．2009．中国建立稀土战略储备制度的国际战略意义．河北青年管理干部学院学报，(5)：89~91．

李洪远，鞠美庭．2005．生态恢复的原理与实践．北京：化学工业出版社．

李敬辉．2007．矿业发展的财税政策面面观．中国矿业资本，(1)：46~48．

李莉，陈忠．2007．管理定量分析——决策中常用的定量分析方法．上海：上海交通大学出版社．

李涛，龙波，白彬，等．2007．论建设全国统一的矿业权二级市场．中国国土资源经济，(3)：8~9．

李缇萦．2009．矿产资源价值与税费体制关系的探讨．现代经济信息，(15)：340．

李文芳.2006.我国优势金属矿产资源国际市场战略研究.中国地质大学硕士学位论文.
李显冬,刘志强.2008.公权"守护"下的矿业权流转.中国改革,(3):73~75.
练海铃.2008.我国石油储备的必要性分析.技术经济与管理研究,(3):44~46.
刘成武.2004.资源科学概论.北京:科学出版社.
刘静暖.2010.自然力经济学.长春:长春出版社.
刘康,李团胜.2004.生态规划理论、方法与应用.北京:化学工业出版社.
刘树臣,张丽君,谭永杰,等.2003.当代地质调查工作发展态势及我国对策.北京:地质出版社.
刘洋.2008a.矿权上市何以变天价.中国有色金属,(19):38~39.
刘洋.2008b.谁炒热了矿权交易.中国有色金属,(10):32~33.
刘云忠,成金华,陈军.2006.中国地质工作发展与未来需求分析.中国地质大学学报:社会科学版,(2):28~32.
刘忠珍.1999.矿业权市场建设思考.中国地质矿产经济,(4):26~29.
马寅生,张业成,张春山.2004.地质灾害风险评价的理论与方法.地质力学学报,(1):7~18.
孟刚,薛亚洲,卜小平,等.2008.我国煤炭生产布局探析与对策建议中国国土资源经济,(4).
孟杨.2005.我国一次能源缺乏型城市煤炭战略储备系统研究.上海:同济大学硕士学位论文.
倪建民.2005.国家能源安全报告.北京:人民出版社.
普传杰.2004.矿业开发与生态环境问题思考.中国矿业,13(6):22.
齐亚彬.2002.中国矿产资源储备问题研究.资源与产业,(6):53~54.
钱基.2004.关于中国油气资源潜力的几个问题.石油与天然气地质,25(4):365~369.
秦静,何英.2007.我国能源储备法律制度体系研究.时代经贸,(1):2.
芮明杰.2004.现代企业持续发展理论与策略.北京:清华大学出版社.
石磊,寇宗来.2003.产业经济学(卷一).上海:生活·读书·新知三联书店.
斯蒂格利茨.1998.政府为什么干预经济:政府在市场经济中的角色.北京:中国物资出版社.
宋红旭.2002.中国石油储备的基本设想.经济研究参考,(3):2~29.
苏迅.2000.加快矿权制度建设促进矿权市场繁荣.中国地质,(8):27~28.
孙仁,金邱坤,王维慧.2009.对我国实施石油商业储备的思考.中外能源,14(2):25~29.
孙树琦,张志昌.2005.资源利用层次论.北京:知识产权出版社.
孙永波,汪云甲.2005.中国战略性矿产资源专项储备量的确定资源科学,(3):16~19.
谭明军,谭旭红.2007.关于矿业权拍卖的几点思考.煤炭经济研究,(5):35~36.
王安建,王高尚,等.2002.矿产资源与国家经济发展.北京:中国地震出版社.
王海军,郭彤荔,薛亚洲.2007.关于我国铁矿石战略储备的思考.中国矿业,

(3)：8~9.

王华兵．2007．中国矿产资源储备立法初步研究．重庆：重庆大学硕士学位论文．

王家骥．2004．区域生态规划理论、方法与实践．北京：新华出版社．

王家枢，张新安，张小枫，等．2000．矿产资源与国家安全．北京：地质出版社．

王礼茂．2003．论中国石油储备体系．资源科学，25（1）：42~47．

王玉平．1998．中国矿产资源储备战略研究．中国矿业，（06）：19~22．

王治国．2003．关于生态修复若干概念与问题的讨论．中国水土保持，（10）：4~7．

韦统义，苟安经．2008．西部产业集群的构建与政府管理．边疆经济与文化，(12)：3~5.

维斯库斯．2004．反垄断与管制经济学．陈甫军，等译．北京：机械工业出版社．

温家宝．2008．关于深入贯彻落实科学发展观的若干重大问题．求是，(21)：3~12.

翁春林．2008．我国矿业权市场存在问题初探．中国矿业，17（3）：8~10．

吴奇修，陈晓红．2005．资源型城市的转型与发展：一个文献综述．江汉论坛，（3）：39~41．

吴尚昆，李守义，孙英男，等．2004．西方矿业体制简析及几点启示．中国国土资源经济，(2)：26~29.

吴新文，宁云才．2009．我国煤炭资源有偿制度研究．中国矿业，（3）：5~7．

吴月先．2003．试论我国建立石油储备系统工程．石油钻探技术，31（1）：68~70．

袭燕燕，李晓妹，李慧．2006．我国矿产资源税费制度体系存在的主要问题及改进方案．中国国土资源经济，（8）：13~15．

谢伏瞻．2008．国际统计年鉴2008．北京：中国统计出版社．

谢守祥．2004．矿区生态经济系统分析评价研究．徐州：中国矿业大学出版社．

徐洪岭，李朝林．2008．煤炭产品战略储备问题探讨．中国煤炭，（4）：21．

徐凌云．2008．我国战略性矿产资源储备若干问题研究．北京：中国地质大学硕士学位论文．

徐强．2007．美国全球资源战略总述与启示．经济研究参考，（12）：4~10．

徐衍坤．2008．日本全球矿产资源战略及储备制度简介（下）．金属世界，（5）：3~5．

许大纯．2001．国外矿产资源储备的立法例和主要法律制度及其对我国矿产资源储备立法的启示．资源·产业，（7）：35~38

许智迅，陈华超．2009．缓解我国矿产资源瓶颈约束对策研究．地质与勘探，（1）：82~85．

薛惠锋，陶建格，卢亚丽．2007．资源系统工程．北京：国防工业出版社．

薛亚洲，贾文龙，马苗卉．2009．中国矿产地战略储备的运行管理模式研究．资源开发与市场，（10）．

薛亚洲，张寿庭，贾文龙．2009．中国矿产地战略储备的基本内涵和规模研究．中国矿业，（8）：1~3．

严兴华．2008．矿业权市场的治理．经济师，（8）：56~57．

杨炳华．2003．原油储备与期货交易．中国石化，（2）：14~15．

杨雪雁，罗洪，贾文瑞．2006．中国国际石油资源利用战略的思考．中国能源，

28(1):6~10.
杨艳琳.2003.资源经济发展.北京:科学出版社.
杨子健.2008.加快建立我国优势矿产资源储备.宏观经济管理,(01):28~30.
叶礼奇.2008.2007年国民经济和社会发展统计公报.北京:中国统计出版社.
伊武君.2001.资源、环境与可持续发展.北京:海洋出版社.
殷燚,苏迅.2006.资源税改革势在必行.中国国土资源经济,(1):17~19.
于又华.2004.发达国家的矿产资源战略.黄金科学技术,(6):2~4.
余良晖,贾文龙,郭晓婉,等.2011.矿产地储备指数方程初建.中国矿业,(6):9~12.
余良晖,贾文龙,薛亚洲.2009.石油价格与储备的联动机制探索.中国国土资源经济,(5):22~23.
余良晖,贾文龙,薛亚洲.2009.我国铜尾矿资源调查分析.金属矿山,(8):181.
余良晖,王海军,于银杰.2006.我国铬铁矿战略储备构思.国土资源,(8):24~25.
余良晖,薛亚洲,贾文龙.2012.矿产地战略储备的矿种选择分析.中国矿业,(6):5~8.
余良晖,薛亚洲,贾文龙,等.2012.矿产地战略储备规模研究.资源与产业,(5):18~23.
郁义鸿.2000.多元产业结构转变与经济发展.上海:复旦大学出版社.
曾绍金.2003.探矿权采矿权市场建设理论与实践.北京:中国大地出版社.
张活.2005.关于我国资源安全问题研究的战略思考.肇庆学院学报,(4):29.
张魁中.2009.国际战略石油储备体系比较与中国的石油储备.黄冈师范学院学报,(1):145~147.
张磊.2006.基于可持续发展的新疆矿产资源开发利用研究.乌鲁木齐:新疆大学硕士学位论文.
张孝德.2008.资源环境约束下大国工业化的困境与文明模式的创新——"成本外化工业文明"的反思与生态文明建设思考.甘肃社会科学,(6):38~41.
张新安.2002.国外矿产资源储备历史及现状.国土资源情报,(01):1~12.
张新安.2009.市场经济国家探矿权市场建设的经验.http://www.lrn.cn/figures/expertpaper/200508/t20050830_93359.htm[2009-03-10].
赵建安.2008.世界油气资源格局与中国的战略对策选择.资源科学,(3):323~326.
赵仕玲.2007.中国与外国矿业税费比较的思考.资源与产业,9(5):106~110.
赵新宇.2006.不可再生资源可持续利用的经济学分析.长春:吉林大学博士学位论文.
中国地质调查局公益性地质工作战略研究组.2006.公益性地质工作定位与发展方向.北京:地质出版社.
中国地质学会.2003.21世纪中国地质工作改革与发展.北京:地质出版社.
中国地质学会21世纪中国地质研究分会.2005.2020年我国地质工作发展研究.北京:地质出版社.
中国现代国际关系研究院世界经济研究所.2004.国际战略资源调查.北京:时事出版社.
中华人民共和国国土资源部.2008.国土资源事件改革发展三十年.北京:地质出版社.

中华人民共和国国务院.2006.国务院关于加强地质工作的决定.北京:地质出版社.
钟自然,刘连和,吕国平,等.2006.国务院关于加强地质工作的决定(学习参考).北京:中国大地出版社.
仲伟志.2004.矿业权行政管理法规文件汇编.北京:兵器工业出版社.
周进生,鲍荣华.2002.我国国土资源储备初探.地理学与国土研究,(1):42~43.
周民良.2000.西部抉择——西部大开发的回溯与前景.北京:煤炭工业出版社.
邹俊义.2007.国家物资储备促进稀土产业发展研究.宏观经济管理,(2):38.
Akbar A D, Osanloo M, Shirazi M A. 2009. Reserve estimation of an open pit mine under price uncertainty by real option approach. Mining Science and Technology (China), 19 (6): 709~717.
Alpern B, de Sousa M J L. 2002. Documented international enquiry on solid sedimentary fossil fuels: coal: definitions, classifications, reserves-resources, and energy potential. International Journal of Coal Geology, 50 (1/2/3/4): 3~41.
Azapagic A. 2004. Developing a framework for sustainable development indicators for the mining and minerals industry. Journal of Cleaner Production, 12 (6): 639~662.
Basu A J, van Zyl D J A. 2006. Industrial ecology framework for achieving cleaner production in the mining and minerals industry. Journal of Cleaner Production, 14 (3/4): 299~304.
Bogatyrev B A. 2009. Mineral economics. Geology of Ore Deposits, 51 (1): 2~13.
Boger D V. 2009. Rheology and the resource industries. Chemical Engineering Science, 64 (22): 4525~4536.
BP. 2007. Statistical review full report workbook 2007. http://www.bp.com/liveassets/bp-internet/china/bpchina-chinese/STAGING/local-assets/downloads-pdfs/b/BP2007-review[2007-06-30].
Bykhovskii L Z, Tigunov L P. 2007. On the primary mineral base of metals for production of ferroalloys in Russia. Steel in Translation, 37 (1): 102~111.
Cooper P J, Brady L P, Hardeman O H, et al. 1998. Public Administration for the Twenty-first Century. Florida: Harcourt Brace College Publishers.
Costa L G A, Suslick S B. 2006. Estimating the volatility of mining projects considering price and operating cost uncertainties. Resources Policy, 31 (2): 86~94.
Cox G M, Harvie C. 2010. Resource price turbulence and macroeconomic adjustment for a resource exporter: a conceptual framework for policy analysis. Energy Economics, 32 (2): 469~489.
Curtis J B, Boland M A. 2006. Challenges in providing technical information for societal use: examples from the gas resource assessment community. Technology in Society, 28 (4): 505~516.
Davis G A. 1998. The minerals sector, sectoral analysis, and economic development. Resources Policy, 24 (4): 217~228.
Dill H G. 2007. A review of mineral resources in Malawi: with special reference to

aluminium variation in mineral deposits. Journal of African Earth Sciences, 47 (3): 153～173.

Domingo E G. 1993. The Philippine mining industry: status and trends in mineral resources development. Journal of Southeast Asian Earth Sciences, 8 (1/2/3/4): 25～36.

Dooley G, Leddin A. 2005. Perspectives on mineral policy in Ireland. Resources Policy, 30 (3): 194～202.

Dooley G, Lenihan H. 2005. An assessment of time series methods in metal price forecasting. Resources Policy, 30 (3): 208～217.

Ericsson M, Noras P. 2005. Minerals-based sustainable development——one viable alternative. BHM Bergund Hüttenmännische Monatshefte, 150 (12): 112～132.

Hamilton K, Bolt K. 2004. Resource price trends and development prospects. Portuguese Economic Journal, 3 (2): 138～150.

Humphreys D. 1982. A mineral commodity life-cycle: relationships between production, price and economic resources. Resources Policy, 8 (3): 215～229.

Humphreys D. 2009. Comment: unravelling the causes of the mineral price boom. Resources Policy, 34 (3): 103～104.

Jaques A L, Huleatt M B, Ratajkoski M, et al. 2005. Exploration and discovery of Australia's copper, nickel, lead and zinc resources 1976—2005. Resources Policy, 30 (3): 168～185.

Konstantinovskii A A. 2001. Potential mineral resources of the anabar anteclise cover. Lithology and Mineral Resources, 36 (5): 325～336.

Lee J, List J A, Strazicich M C. 2006. Non-renewable resource prices: deterministic or stochastic trends? Journal of Environmental Economics and Management, 51 (3): 354～370.

Lin Boqiang, Liu Jianghua. 2010. Estimating coal production peak and trends of coal imports in China. Energy Policy, 38 (1): 512～519.

Matshediso I B. 2005. A review of mineral development and investment policies of Botswana. Resources Policy, 30 (3): 203～207.

Meech J A, McPhie M, Clausen K, et al. 2006. Transformation of a derelict mine site into a sustainable community: the Britannia project. Journal of Leaner Production, (14): 349～365.

Nikiforov K A, Khanturgaeva G I. 2001. On perspectives of mineral deposit mining in the ozerny ore knot. Journal of Mining Science, 37 (4): 303～313.

Papyrakis E, Gerlagh R. 2007. Resource abundance and economic growth in the United States. European Economic Review, 51 (4): 1011～1039.

Petrie J. 2007. New models of sustainability for the resources sector: a focus on minerals and metals. Process Safety and Environmental Protection, 85 (1): 88～98.

Reynolds D B. 1999. The mineral economy: how prices and costs can falsely signal decreasing scarcity. Ecological Economics, 31 (1): 155～166.

Rosenau-Tornow D, Buchholz P, Riemann A, et al. 2009. Assessing the long-term supply risks for mineral raw materials—a combined evaluation of past and future trends. Resources Policy, 34 (4): 161~175.

Ruppert L F, Kirschbaum M A, Warwick P D, et al. 2002. The US geological survey's national coal resource assessment: the results. International Journal of Coal Geology, 50 (1-4): 247~274.

Savelieva I L. 2009. The intra-regional resource and ecological factors of development of the mining industry of the Baikal natural territory. Geography and Natural Resources, 30 (3): 279~285.

Shen L, Cheng S, Gunson A J, et al. 2005. Urbanization, sustainability and the utilization of energy and mineral resources in China. Cities, 22 (4): 287~302.

Smith M. 2001. Mineral resource and ore reserve estimation-the AusIMM guide to good practice (monograph 23). Minerals Engineering, 14 (9): 2~5.

Solomon F, Katz E, Lovel R. 2008. Social dimensions of mining: research, policy and practice challenges for the minerals industry in Australia. Resources Policy, 33 (3): 142~149.

Spoerri A, Lang D J, Binder C R, et al. Expert-based scenarios for strategic waste and resource management planning—C&D waste recycling in the Canton of Zurich, Switzerland. Resources, Conservation and Recycling, 53 (10): 592~600.

Taboada J, Rivas T, Saavedra A, et al. 2008. Evaluation of the reserve of a granite deposit by fuzzy kriging. Engineering Geology, 99 (1-2): 23~30.

Teal J M, Lee W. 2005. Ecological engineering, adaptive management, and restoration management in Delaware Bay saltmarsh restoration. Ecological Engineering, (25): 304~314.

Thompson A C. 2001. The Hotelling Principle, backwardation of futures prices and the values of developed petroleum reserves——the production constraint hypothesis. Resource and Energy Economics, 23 (2): 133~156.

Tiess G. 2005. Sustainable supply of the European industry and society with minerals: importance of the non-energy extractive industry. BHM Berg-und Hüttenmännische Monatshefte, 150 (12): 1056~1068.

Tiess G. 2007. Need of a coherent minerals policy in Europe-present discussions and approaches. BHM Berg-und Hüttenmännische Monatshefte, 152 (12): 132~141.

Tiess G. 2009. European technology platform on sustainable mineral resources-key areas for research for the future. BHM Berg-und Hüttenmännische Monatshefte, 154 (21): 18~35.

Trubetskoi K N, Peshkov A A, Matsko N A. 2002. Change in availability of mineral and raw material resources as a result of scientific and technical progress. Journal of Mining Science, 38 (4): 28~39.

Upstill G, Hall P. 2006. Innovation in the minerals industry: Australia in a global context. Resources Policy, 31 (3): 137~145.

Willing A. 2001. Lubricants based on renewable resources- an environmentally compatible alternative to mineral oil products. Chemosphere, 43 (1): 89~98.

Xiarchos I M, Fletcher J J. 2009. Price and volatility transmission between primary and scrap metal markets. Resources, Conservation and Recycling, 53 (12): 664~673.

Yu J, Yao S Z, Chen R Q, et al. 2005. A quantitative integrated evaluation of sustainable development of mineral resources of a mining city: a case study of Huangshi, Eastern China. Resources Policy, 30 (1): 7~19.

Yu J, Zhang Zh J, Zhou Y F. 2008. The sustainability of China's major mining cities. Resources Policy, 33 (1): 12~22.

"中国软科学研究丛书"已出版书目

《区域技术标准创新——北京地区实证研究》
《中外合资企业合作冲突防范管理》
《可持续发展中的科技创新——滨海新区实证研究》
《中国汽车产业自主创新战略》
《区域金融可持续发展论——基于制度的视角》
《中国科技力量布局分析与优化》
《促进老龄产业发展的机制和政策》
《政府科技投入与企业R&D——实证研究与政策选择》
《沿海开放城市信息化带动工业化战略》
《全球化中的技术垄断与技术扩散》
《基因资源知识产权理论》
《跨国公司在华研发——发展、影响及对策研究》
《中国粮食安全发展战略与对策》
《地理信息资源产权研究》
《第四方物流理论与实践》
《西部生态脆弱贫困区优势产业培育》
《中国经济区——经济区空间演化机理及持续发展路径研究》
《研发外包：模式、机理及动态演化》
《中国纺织产业集群的演化理论与实证分析》

《国有森林资源产权制度变迁与改革研究》

《文化创意产业集群发展理论与实践》

《中国失业预警:理论、技术和方法》

《黑龙江省大豆产业发展战略研究》

《中小企业虚拟组织》

《气候变化对中国经济社会可持续发展的影响与应对》

《公共政策的风险评价》

《科技人力资源流动的个体选择与宏观表征》

《大型企业集团创新治理》

《我国小城镇可持续发展研究》

《食品安全法律控制研究》

《中国资源循环利用产业发展研究》

《新兴产业培育与发展研究——以安徽省为例》

《中国矿产地战略储备研究》